"十三五"普通高等教育本科部委级规划教材

Fashion Communication
时尚传播学

赵春华◎著

中国纺织出版社

内 容 提 要

时尚是人类文明的标志，它是人们创造美、传播美、欣赏美的过程。传播作为文化最早、最重要的表现形式之一，在文化的积累、传承、发扬、互融中起到不可或缺的作用。时尚传播在文化与商业两大体系运行并发挥作用，其学科建设事关国家文化战略和时尚产业发展。

本书通过对时尚传播所涉及的多个角度，如传播学理论、商业属性、视觉传播、广告和媒介利用等进行探讨，旨在对时尚传播学作全面的梳理，以此明晰该学科的本源、学科框架和研究范围，以及各相关学科的交叉性与连接性，拓展传播学的研究内容，为推动时尚传播学科建设和产业的发展做出进一步的尝试。

图书在版编目（CIP）数据

时尚传播学/赵春华著. —北京：中国纺织出版社，2018.5（2025.6重印）

"十三五"普通高等教育本科部委级规划教材

ISBN 978-7-5180-4798-7

Ⅰ. ①时…　Ⅱ. ①赵…　Ⅲ. ①传播学—高等学校—教材　Ⅳ. ①G206

中国版本图书馆CIP数据核字（2018）第044269号

策划编辑：于磊岚　　　责任印制：储志伟

中国纺织出版社出版发行

地址：北京市朝阳区百子湾东里 A407 号楼　邮政编码：100124

销售电话：010—87155894　传真：010—87155801

http://www.c-textilep.com

E-mail: faxing@c-textilep.com

中国纺织出版社天猫旗舰店

官方微博 http://weibo.com/2119887771

天津千鹤文化传播有限公司印刷　各地新华书店经销

2018 年 5 月第 1 版　2025 年 6 月第 7 次印刷

开本：710×1000　1/16　印张：16

字数：191 千字　定价：58.00 元

序言
PREFACE

开启中国时尚传播学研究的新里程

喻国明

"十三五"普通高等教育本科部委级规划教材《时尚传播学》一书出版在即，承蒙赵春华教授的信任，为该书作序。

时尚传播学是传播学研究的新兴领域，它天然地具有"产学研"一体化的特征和优势，具有明显的文化与商业属性，随着时尚产业和创意文化产业的发展而迅速崛起。在我国，北京服装学院和东华大学等几所高校先后设立时尚传播专业，其基础理论、学科框架和研究体系均获得了令人瞩目的建构与发展。

作为时尚传播学研究的领军人，赵春华教授通过多年对传播学、营销管理学、文化、语言学与设计学的潜心研究，在其2013年出版的专著《时尚传播》的基础上，进行大量补充、修改与完善，最终完成这本教材。

时尚传播学作为交叉性学科，除了分散在各个学科的理论片段，一直没有独有的、系统的理论体系。该书最重要的贡献在于对时尚传播学的基础概念和理论逻辑进行了严谨的、不乏深刻的探讨，从传播学、时尚符号学、社会学和心理学等几个角度作了全面阐释，新的观点和判断令人耳目一新。它以特有的笔触赋予了时尚传播学以灵魂，拓展了学科研究视角，夯实了学科建设基础。除此之外，该书还将时尚传播的文化体系和商业体系进行了较好的衔接，使学科有了完整的身躯，奠定了学科发展的坚实基础。

该书关于东方服饰文化体系起源和对外传播部分的梳理与阐释，表现了中国学者的独立思考和时代责任感。在中国文化战略大背景下，时尚传播学科和研究者可以大有作为。

新兴学科领域的研究既面临挑战，也伴有机遇。这本书的出版可以在相当程度表明，通过我们的不懈努力和艰难探索，中国学者可以在学科发展的起跑线上与世界同行并肩砥砺与协同，并以自己的文化资源和独特视角、以自己的发现与创新，贡献中国智慧和中国经验。可以说，该书对时尚传播学所进行的如此系统的梳理、阐释与分析，在国内外的公开出版物中尚属首例，特别是其中不乏原创性的观点和发现，是具有引领性的代表作。

希望该书能够成为时尚传播学科发展的一个新起点，为学科建设与成长吸纳更多的源动力。希望通过该书的出版，能有更多的学者关注这门学科，有更多的有识之士投身时尚传播建设与研究中来。

2018 年 4 月 30 日

喻国明：教育部长江学者特聘教授，北京师范大学新闻传播学院执行院长，中国新闻史学会传媒经济与管理专业委员会会长。

自序
PREFACE

　　"一个国家、一个民族的强盛，总是以文化兴盛为支撑的。"当今，文化影响力成为各国重要的国际竞争力。文化不仅是一个民族历史与文化传承中的瑰宝，还是该民族辉煌历史的见证，是一个国家民族自信心的重要来源。时尚文化作为意识形态和上层建筑的重要组成部分，其战略意义不亚于政治和金融。提高国家文化软实力，提升国际话语权，关系一个国家的形象，关系一个国家在世界文化格局中的地位。通过时尚文化传播将一个民族文化的历史渊源、发展脉络和成果展示于各个民族，并将该民族最基本的文化基因、文化的独特创造和价值理念通过各国人民喜闻乐见的形式传播出去，形成文化磁场和文化喜好，这是意识形态领域极为高级的智力活动。

　　时尚传播学正是在这一历史背景下不断发展起来的。时尚传播学来源于传播学，但又表现出一定差异。主要表现在时尚传播学有两大体系，即文化与商业。

　　除了文化作用力，时尚传播在商业领域也是举足轻重的重要环节。美国经济学家科瑞德（Elizabeth Currid）曾在《沃霍尔经济：时尚，艺术，音乐如何驱动》（2008）中提到"对纽约这样的国际化都市，时尚、艺术、音乐等创意产业甚至超越了金融、地产和法律，成为重要的经济推动力，产生了类似于涡旋一样的群体效应"。❶这个现象不仅表现在纽约这样的城市，全球所有大都市都表现出类似的倾向性。时尚传播作为时尚的展示窗口，作为实现时尚产业升级和发展创

---

❶ Elizabeth Currid.The Warhol Economy：How Fashion，Art，and Music Drive［M］.New York：Princeton University Press，2008.

意文化产业的重要手段，其传播内容和传播规律值得研究。

时尚传播是一门新兴学科，与传播学产生的过程一样，也是跨学科综合研究并独立发展的结果。本书通过对时尚传播所涉及的多个角度，如传播学理论、商业属性、视觉传播、广告和媒介利用等进行探讨，旨在对时尚传播学这门学科作一个全面的梳理，以此明晰该学科的本源、框架和研究范围，以及各相关学科的交叉性与连接性，拓展传播学的研究内容，为时尚传播学科建设作一些基础性工作。

本书酝酿了四年之久，在专著《时尚传播》（第2版）基础上作了大幅修改、调整和补充。在《时尚传播》（第2版）中，因时间所限，作者主要对时尚传播的商业体系作了探讨，集中介绍了时尚传播的商业属性和媒介利用形式。2014年出版的《时尚传播》（第2版）对文化传播略有提及，但没是系统梳理，这成为作者心头挥之不去的遗憾。在之后的四年中，作者作了更充分的中国传统文化的准备，对时尚传播与文化的关系和时尚传播学科框架作了更深入的思考，于是有了本书。在本书中，作者从文化和商业两个体系对时尚传播进行了更为完整和系统的阐释和梳理。但是本书仍不是终点，新兴学科的研究没有止境。作者仍将会以本书为起点，继续研究，以绵薄之力推动时尚传播学科的建设。

该书的出版得到"北京市社科项目"（编号：SM201810012003），"北京市属高等学校高层次人才引进与培养计划项目"（编号：RCQJ02140206/004）、"北京服装学院高水平教师队伍建设"专项资金（编号：BIFTTD201803）的支持，以及北京服装学院党委领导和校领导的鼓励。

在创作本书的过程中，承蒙传播学领军者喻国明教授指点并金笔提序，以及承蒙中国传媒大学的博士生导师刘宏教授、北京第二外国语学院资深文化学者李传松教授和北京服装学院服饰文化学者郭平建教授的指点。另外，中国文化学者和书法家王兴先生对本书提出诸多宝贵意见并为本书题写书名"时尚传播学"。在此一并表示感谢！

该书特别致敬在时尚传播一线教学和科研岗位上默默工作的专家和老师们。

国际视角、高端定位、行业引领、内涵发展、全新探索，面对诸多的挑战，一众同仁们没有退缩，而选择拥抱机遇、创造未来。这样的开拓精神，值得深深地敬佩。北京服装学院时尚传播专业创始人之一马玖成副教授，从 2006 年起已经开始艰难的新兴学科探索，并曾尝试撰写时尚传播学教材，可惜未能出版。最近悉闻马老师的书稿将出版发行，万分欣喜。

东华大学的王梅芳教授带领东华同仁在 2013 年建立东华大学时尚传播研究中心，通过论坛等形式，致力于拓展和深化时尚传播学研究，为专业建设兢兢业业，奋力前行，让人为之折服。

作为同仁，我当奋力推进时尚传播学专业的发展，为学科之振兴，为产业之兴旺，作一点基础性工作。本书作者得益于北京服装学院这块肥沃的土壤，因为机缘巧合，在传播学、新闻学、营销管理学、跨文化研究、语言学和服装设计等几个领域都有过一定的学习、研究和积累，并从事过部分学科的教学。同时，在学术探索的过程中，得到过国内不同领域的专家和学者的指点。

因为时尚传播是新兴学科，所有的理论基础和学科脉络的探寻都极为艰难。本书虽然对时尚传播学理论、东方服饰体系、中国传统服饰对外传播等提出了一些原创性的观点，但是本书只是一个起点，这些观点还需要不断在实践中检验，需要不断补充、拓展与深化。希望该书的出版能够引起更多的学者对这一学科的关注，吸引更多的有识之士投入到这个领域中来。

赵春华

2018 年 2 月于北京

目录|Contents

绪　论

　　时尚是人类文明的标志，它是人们创造美、传播美、欣赏美的过程。时尚的基本元素是创意。人类对新奇的热爱和对被关注的向往，成为时尚的根本动力。时尚既体现了一个时代的文化特征，又代表了一种商业形式。它既是人类复杂智慧的艺术化成果，又是工业革命后商业快速发展的具体体现。

　　传播作为文化最早、最重要的表现形式之一，在文化的积累、传承、发扬、互融中起到不可或缺的作用。时尚传播具有意义和物质两大传播系统，既涉及文化传播，又具有商业属性。时尚作为意识形态，其在文化自我特征与群体特征表现、文化认同与归化、文化渗透与改变方面都起着潜移默化的作用，而传播就是文化影响与信息流动的渠道。时尚作为商业形式，借助传播不断积累声望、形成认同，不断实现增值。

第一章　理解时尚与时尚传播

时尚与时尚传播一脉相承。时尚传播作为传播学的一个分支，与传统传播学既表现出共性，又表现出差异。其差异性在于时尚传播以时尚文化和商业信息为主要传播内容，使其表现出艺术性和商业性的特征。

第一节　时尚的定义

时尚是一个难以界定的词。当今，关于时尚的定义百家争鸣，未有定论。本书仅从时尚传播的角度，对时尚的定义做出解释。

一、时尚的约定俗成

时尚之风，古已有之。"以衣载道，礼化天下"，中国早在公元前已有了先进的时尚体系。《礼记》中曾这样描述公元前四百年战国时期人们的时尚文化："古之君子必佩玉……居则设佩，朝则结佩……凡带必有佩玉。"❶服饰与礼仪成为社会教化不可或缺的环节。

在西方，公元前四百年，柏拉图（Plato）曾在《伟大的希庇亚斯》（Great

---

❶ 王文锦译解.礼记译解［M］.北京：中华书局，2016：378–379.

Hippias）中谈到，"服装与美有关"（clothes are linked with beauty）。[1]

有人说，最早的时尚来自于人们对审美的内在需求和装扮自己的冲动。现代，时尚成为人们品位和身份的标志，成为社交场合的名片。人们约定俗成认可这样的规则：在商务会谈或晚会这样正式的场合，嘉宾要着礼服以示尊重；在婚礼上，男女双方会用戒指以示承诺和珍重。时尚的存在，超越了普通的艺术审美的范畴，文化和商业价值并存。

二、时尚的意义系统和物质系统

时尚是一个很特别、很有趣的概念。不同于以往的概念，它并非一个意义维度能够解释，也不局限于一个活动范畴。在现实中，它由意义和物质两大系统构成。意义系统具有文化背景和抽象性，物质系统表现为具体性和商业性，而两大系统难以分割，它们时而独自运行、时而交错、时而相融，形成了相辅相成、共生共存的关系。

从词源学的角度，更能理解时尚的意义和物质系统的存在。现代，时尚这个词在英文中主要有两个对应词：fashion，意指流行的样式、方式、风尚、时样等。另一个词 vogue，意指流行物，时髦事物，时髦人物。[2] 相对而言，fashion使用得更普遍，可以指代广义和狭义的时尚（时装）。从词源学的角度看，fashion 一词起源于拉丁语"factio"（意指"正在做"），或"facere"（意指"将要做"）。后者"facere"同时还是名词"fetish"（崇拜）的词根。因此，fashion 的原意指"活动"、"某人做过的事"或"崇尚的观念或物品"。[3]

从社会层面看，时尚是一个意义系统，是一种观念、价值观，不同的历史阶段、不同的社会和习俗背景、不同的国家和民族有不同的时尚。它在漫长的人类

---

[1] Plato.Collected Dialogues［M］.Princeton:Princeton University Press,1961:294.

[2] 新英汉词典［M］.上海：上海译文出版社，2002：1560.

[3] Marian Frances Wolber.Uncovering Fashion［M］.New York：Fairchild Books，2009：8.

生活演变中产生和演变，载有人类文明的记号。时尚是文化系统中的一个重要环节，在微观上，时尚可以建构身份，修饰形象，显示个性；在中观上，时尚可以形成和巩固群体认同，分化群体特性；在宏观上看，时尚可以影响社会意识、形成审美趋势、引导社会调适。这些特点都可以在时尚的意义系统去理解分析。

而时尚的物质系统表现得更具体。它往往与时尚的物品有关。在一个特定时期和特定环境下，从上而下流行开来、被人们崇尚的物品，也可以被定义为时尚，比如时装。物质系统的时尚往往与价值观有关，这种物品可能因人们的观念和审美的引发而被追捧，也可能反向引导人们的观念和喜好。

三、时尚的广义概念和狭义概念

时尚的基本元素是创意。时尚通常被认为是一种风尚。无论是人的穿衣、建筑的特色或者前卫的言语、新奇的造型等，都可以说是时尚的象征。时尚就是特定时间内一些人所崇尚的生活和模式。这种时尚涉及生活的各个方面，如衣着打扮、饮食、行为、居住、消费甚至情感表达与思考方式等。比如明星，是特定的环境里经过包装打造而成的，他们承载了大众关于美的理想状态，成为虚幻的化身，他们通过扮演时尚，吸引关注，积累人气，娱乐大众，代表或引领时尚。

广义的时尚涵盖范围比较宽泛，既指流行的风尚、方式、观念、态度、理念，又包括体现流行特征的物品。这个概念既包括无形的抽象概念，又包括有形的具体物品。

另一方面，从商业角度看，狭义的时尚指时装和与时装有关的饰品（包括佩饰、鞋包等），即体现受众衣着特征和品位的物品。时尚与服装时尚本身有着紧密的联系。

时尚的物质系统具有极强的商业属性。时装等时尚用品是一种美的象征，是对人们内心深处对美的理解的一种外在的表现与挖掘。某款时装引起受众的共鸣，是因为它贴合甚至唤起了受众内心关于这种美的意象，通过对某款时装的欣赏与穿着，完成了一次美的体验。这样的体验更像人们经历的美的梦境的现实的再现，或者说某款设计将受众曾经模糊的美的偏好和感知具化了，使人们在众多设计中，非常明确地找到自己心仪的形象表达。时尚品牌针对目标客户群的设计，正是出于这样的理念。通过时装的设计，打动所希望吸引的购买者。时尚曾一度被认为是女性的特权，专指新颖的、引领潮流的服装。但如今时尚指向了所有消费人群。而且，在其被广泛讨论的时候，有时又不局限于服装领域，而是被拓展到更广的消费领域。

四、相关概念释义

1. 时尚与时装

时装主要指在某一时代被追崇的服装。而在现代，由于服装产业化推动高级定制和服装成衣化的发展，时装基本被圈定在商业范畴内。

美国耶鲁大学的文化研究者若昂·德让曾在《时尚的精髓》一书中提到："时装是永恒的，从古至今一直有人穿得非常时尚。然而时装的市场有着明确的形成期，即 17 世纪 70 年代的巴黎。从那里，我们可以找到现代时装业的起源"。● 在当时的巴黎，在路易十四的大力推动下，时装作为艺术和商品的完美结合，奢侈品贸易成为拉动经济的重要支柱。时装作为时尚的重要的商业化和市场化形式开始形成规模。

从商业意义看，狭义的时尚较接近于时装。甚至有人认为时尚起源于服装时尚，来自于人们对装扮自己的冲动。● 没有时装，人就像一个没有色彩的、机械的生物体，但当拥有时装，人如同一件艺术作品，在人生的舞台优雅地进行艺术表演。

● 若昂·德让著，杨冀译.时尚的精髓［M］.北京：三联书店，2012：13–15.
● 拉斯·史文德森著，李漫译.时尚的哲学［M］.北京：北京大学出版社，2010.

法国时尚学院（IFM）和巴黎 HEC 商学院将时尚定义为"时装"，认为懂得穿着的内涵是时尚最重要的体现。和谐的组合、色彩的搭配、产品的多样性反映了内在的品位与修养。时尚往往是结合流行的元素和小细节，经过拼凑和搭配，穿出自己的个性和品位。❶

2. 时尚与流行

时尚，是时与尚的结合体。所谓时，乃时间，时下，即在一个时间段内；尚，则有崇尚、高尚、高品位、领先等等含义。时尚在历史上多与宫廷的、小众的、有品位的意义或物品有关。就时装来说，人们往往通过时尚的穿着或生活方式表现出其特有的品位，其本质是为了表现差异化和高端化，以区别于普通大众。因此时尚往往由小众所主导和发起，后被大众所崇尚和模仿而形成潮流。

流行通常被认为是大众化的、廉价的，其似乎更像是时尚风潮的尾端。当一个潮流不断被模仿并泛化，其小众的神秘感消失殆尽，被崇尚的价值即不存在。所以，流行的东西不能简单定义为时尚的。

简而言之，时尚和流行都具有时代性和潮流性。时尚因为小众而被崇尚；流行因为泛化而获得共情，但失却了被崇尚的内因。二者不可相提并论。

第二节　时尚诸论

时尚是一个较为复杂的概念，涉及多个领域。关于时尚的理解也各有千秋。应该说，时尚的形成过程是个性与共性相互统一、个体与群体相互作用的结果。在时尚流动的路径上，存在着不同的观点。

关于时尚，东方对时尚的描述在公元前的《诗经》等著作中就存在了，可以说历史悠久。关于中国的论著对时尚的描述，本书将在第三章专门陈述。

---

❶ 赵春华.时尚传播［M］.北京：中国纺织出版社，2014：4.

在现代，由于西方工业化发展和阶级分化所产生的诸多现象，同时得益于哲学、社会学、语言学和传播学等学科的贯通，部分西方学者在时尚的基础理论方面提出了不少时代性观点。伴随着西方时尚品牌在全球的垄断，西方的学术界几乎控制了相关领域的话语权。比如伦敦时尚学院的恩特维斯特尔教授曾在《时髦的身体》中提出："不同的文化身体依靠他们穿戴的不同（服装、时尚）交流不同的事情（意义），时尚因此被定义为现代的、西方的、有意味的和爱交流的身体的服饰或装饰，也被解释为一种深刻的文化现象。"❶恩特维斯特尔似乎从理论上将时尚与西方文明等同开来。

这可以理解为某一学者的独家之见，但是不能否认西方学术理论在意识形态上强化了"西方＝时尚"的观念，这不仅使全球消费者对时尚的优先选择排序产生影响，而且在全球文化倾向性上可能对东方国家产生影响。时尚传播学除了加强学科建设，还应该在基础理论研究和建构上更深入地研究。在加强本科教学的同时，学术领域高屋建瓴的构建需要得到更大范围的关注和参与。

该章节仅介绍西方主要的时尚理论，以供本土学者借鉴和更深入的研究。

20 世纪 30 年代，美国人类学家、语言学家萨丕尔曾说，"时尚本身带有赞同或否定的意味"（the term fashion may carry with it a tone of approval or disapproval）❷。

德国哲学家、社会学家齐美尔在 1905 年出版的《时尚的哲学》中阐释了他的社会阶层的观点。他将时尚的流动视为从较高阶层向较低阶层的扩散过程，上层永远处于表达风格的时尚制造者的位置，而下层出于对上层生活的向往而总是在模仿。齐美尔认为时尚是具有社会等级性的事物。较高社会阶层总是通过时尚来与较低社会阶层区分，当较低社会阶层模仿较高社会阶层开始流行某种时尚时，较高社会阶层就会抛弃这种时尚，重新制造另外的时尚。时尚一方面意味着

---

❶ 恩特维斯特尔著，郜元宝译.时髦的身体［M］.南宁：广西师范大学出版社，2005.

❷ Sapir F. "Fashion".Encyclopedia of the Social Sciences［M］.Vol.5.New York：Macmillan，1931：139.

相同阶层的联合，意味着一个以它为特征的社会圈子的共同性，但另一方面在这样的行为中，不同阶层、群体间的界限被不断突破。[1] 如果按齐美尔的理论理解，如果没有不同的社会阶层，而且如果没有人想翻越社会阶层的藩篱，爬向更高的阶层，时尚似乎不是那么必需。他还认为时尚有着双重特性，一方面是模仿的特征，对时尚的模仿满足了社会依存的需要，把个体引入大众共同的轨道上；另一方面，时尚有着差别化的特征，个体通过时尚显示出与众不同，总的来说，人们试图在社会平等化倾向和个性差异魅力倾向之间妥协，这两种倾向相互作用，使时尚不断变化，从原有的时尚发展变化出新的时尚。

同样是社会阶层的角度，保罗·布卢姆伯格却得出了不同的结论，他考察了诸如长发、背心、粗棉布、工作服等反主流文化的流行装束在从下往上渗透的事实，得出失去社会地位的、反文化的人群所制造的时尚也可能向上层阶级扩散的结论。[2]

伦敦时尚学院的恩特维斯特尔教授在其《时髦的身体》中指出"装饰"和"服饰"都具有人类学的血统，因为人类学在寻找一种表达人类对其身体所做一切事情的术语，时尚比"装饰"和"服饰"更为精确地表达了西方社会的特性，时尚包含了"很时尚"的意思。恩特维斯特尔认为时尚也许与身体有关，通过时尚的身体，人们知晓身体不是一个自然的和自由的身体，而是被有意为之的"文化的"身体。之所以这样说，一部分原因是时尚作为动词有"制造"和"生产"之意，另一部分原因是它不能是简单、没有教养的、原初的身体。"时尚的身体通常是文化的身体"也是有意味的身体，这也可以认为是沟通。[3]

英国心理学家福柯是 20 世纪 30 年代时尚理论最前沿的研究者，他受到弗洛伊德理论的影响，更加注重人的心理结构研究，他认为："服装……虽然只是外来的附加物，但已经进入了我们社会生活的核心。服装是一个文化机构、一个人

---

[1] 齐美尔著，费勇译.时尚的哲学［M］.北京：文化艺术出版社，2001.
[2] 郭珊.都市型男：时尚传播中媒体对"新人群"的建构［J］.新闻大学，2005（2）：88.
[3] 恩特维斯特尔著，郜元宝译.时髦的身体［M］.南宁：广西师范大学出版社，2005.

类生活的普遍存在。"❶

对此，20 世纪 60 年代美国社会学家布卢默则批判说："时尚的作用过程并不是对阶级分化和阶级竞赛的需求做出反应，而是对赶时髦的需求做出反应，对跻身良好的地位、多变的新爱好做出回应。"他进而提出了"集体选择"（collective selection）理论，认为时尚是集体在心理、爱好、行为等方面的选择。❷

英国服装史学家莱佛认为："服装形式是我们对社会生活改变能力的体现，时尚与品位密切相关，品位是一整套集体美学，是社会群体灵魂深处的时代精神，社会群体总是穿着与其身份相一致的服装。"莱佛论断：穿超前十年的服饰：猥亵，穿超前五年的服饰：无耻，穿超前一年的服饰：大胆，穿时下流行的服饰：漂亮，穿一年前流行的服饰：邋遢，穿十年前流行的服饰：丑陋，穿二十年前流行的服饰：滑稽，穿三十年前流行的服饰：好玩，穿五十年前流行的服饰：古怪，穿七十年前流行的服饰：妩媚，穿一百年前流行的服饰：浪漫，穿一百五十年前流行的服饰：绝妙。莱佛利用等级原则、吸引原则、效用原则对女装进行了解释。他认为女装是为了引起男性注意而互相竞争的产物，因为女性缺少经济和政治的资源从而需要借助性和繁衍能力来彰显自身，女装因此不断调整图案和色彩，有意识地暴露身体的部分，只要社会经济条件使得女性的地位不变，这种原则仍然支配着女装的形式。❸

美国经济学家凡勃伦 1899 年在《有闲阶级论》中指出"服装是金钱文化的一种表现"，他列举了主导女装时尚变化的三个要素，那就是外表体面、讲究时新。他用炫耀性消费和明显浪费原则解释人们追求时尚的行为，认为服装具有证明支付能力的职能，是炫耀性消费的代表，服装式样的改变受到明显浪费原则的

---

❶ 福柯.男性和他们的动机[J].英国医学心理学，1925（5）.

❷ 布卢默.时尚：从阶级分化到集体选择[J].社会学季刊，1969.

❸ 莱佛.服装[M].伦敦：约翰墨里出版社，1950.

制约。●

西方几乎定义了现代时尚。这是一个令东方人沮丧但又不得不正视的问题。这个现象也应引发我们更多的思考。工业革命后，借由其工业化和商业化的发展，以及强势的文化输出，定义了现代的时尚规范。在西方，时尚被认为是自文艺复兴以来西方文明中影响最深远的现象之一。近代，尤其是19世纪中叶，伴随着工业化倾向，西方的时装产业逐渐兴盛。二战后，全球化趋势加强，社交礼仪和包括影视在内的文化产品中，西方的时尚符号和时尚形象极为活跃和强势，其时尚规范几乎形成了垄断。中国由于特殊的历史原因，错过了发展时装产业的机遇，同时错失了参与定义现代时尚符号和规范的黄金时机。

但是，令人振奋的是，东方国家，如中国、日本、印度、韩国等在二战后，经济飞速发展，借由这些国家综合实力的提升，东方文化开始在世界文化领域中重新恢复自己的声望，世界舞台上开始听到东方文化强有力的声音。

第三节　时尚传播的定义

传播作为文化最早、最重要的表现形式之一，在文化的积累、传承、发扬、互融中起到不可或缺的作用。从第一个表达意义的符号（口头或书面）被人们在信息传递中使用，传播即已产生。文字的出现，更使传播以一种稳定的表达形式成为人类关系不可或缺的组成部分。中国人在公元2世纪发明了纸和墨，在公元8世纪发明了雕版印刷术，传播出现了普及性的媒介，随之亚洲文明逐渐向西方传播。从18世纪工业革命到现代，随着科技的不断进步，传播媒介不断变革，为传播内容与传播渠道带来了根本性的影响。在这个过程中，人类的信息传播从

● 凡勃伦著，蔡受百译.有闲阶级论——关于制度的经济研究[M].北京：商务印书馆，1964.

未间断，交流也越来越密切。

一、传播的概念

传播是交流的工具。在数十亿地球人组成的巨大的社会中，传播成为人类关系赖以存在、延续和发展的重要机制，成为人类将交流中的符号在时间上、空间上进行保存、传递与演绎的手段。

传统传播学主要有五大要素，即传者、受众、内容、渠道与效果。这五大要素界定了传播学的研究范围和基本内容。归到本真，时尚传播应在传播学的研究范畴内进行深入探讨。

"传播"对应的英文"communication"，其词根"commun-"有"密切的"、"公有的"的含义。而这一词根衍生的其他词汇还包括 community（社区、团体）、communism（共产主义）等。通过词源可以看出，传播的本源与社会和人类社交之间的关系。

人类学家爱德华·萨丕尔在《社会科学百科全书》（Encyclopedia of the Social Sciences）中撰写的"传播"的词条为："社会是一个高度复杂的网络……小至一对恋人、一个家庭，大至一个国家联盟以及更大范围的人类社会，即由于新闻媒体的跨国影响所能结成的人类社会。表面上看，社会是社会机构静态的总和；实际上，个人交流时的传播行为焕发了社会的活力，以及创造性地确认社会的存在。"❶

传播是人与人之间的连接，人们在传播中注入讯息，又在讯息中注入意义，受众根据个人的经验和所处的文化环境，对传播中的符号进行解读，获取其欲表达的意义。当传播关系顺利时，传播与解码的过程能够达成一致，传播者达到预期目标，当传播关系不顺利时，可能出现传播误解，影响甚至背离传播目标。无

---

❶ E Sapir. Encyclopedia of the Social Sciences［M］.1st ed.New York：Macmillan，1935：78.

论是意识领域还是商业范畴的传播，传播的过程和效果都值得深入研究。

回到时尚，在这样一个以审美为特点、具有明显艺术性和商业属性的传播关系中，文化与商业的连接互相交错、互相影响。

二、广义的时尚传播

广义的时尚传播所指较广，既包括风尚、方式、观念和态度等无形传播，又包括时尚产品等的商业性传播等。

广义的时尚传播中所涉及的风尚、方式、观念和态度等与文化相关，这一类型的传播确切地应该叫"时尚文化传播"。文化通常包括一个国家或民族的历史、人文、传统习俗、生活方式、文学艺术、行为规范、思维方式、价值观念等。梁启超先生在《什么是文化》中说："文化者，人类心能所开释出来之有价值的共业也。"❶透过物质和制度层面等文化的外在形式和承载物，文化的内在核心体现在一个国家和民族在社会意识活动中所孕育出来的价值观念、审美情趣、思维方式等因素。在时尚传播的意义与物质两个系统内，文化更本质地影响了时尚传播的意义系统的构成。

时尚传播在文化层面的研究早在20世纪90年代美国即已兴起。巴纳德（Malcolm Barnard）就曾在其《作为传播渠道的时尚》（Fashion as Communication）中谈到"时尚和服装与许多规则有高度相关性。服装与许多问题有关，如原料、生产过程、加工成本、文化、社会等级等"。❷而2005年，罗德（Roland Barthes）在《时尚的语言》（The Language of Fashion）中谈到"服装是一种现象"，"从广义讲，所有文化都受到特定的意义系统的影响，尤其是

---

❶ 梁启超. 什么是文化 [M].晨报副刊，1922（12）：3.

❷ Malcolm Barnard.Fashion as Communication [M].London & New York：Routledge，1996：23.

服装这种有实用意义，并融合了材料、图像和语言等多种物质的东西"。❶ 时尚文化传播研究得益于社会学、语言学和哲学领域较早对文化进行的大范围、多层面的研究，已经进入研究的成熟期。

三、狭义的时尚传播

当今世界已经进入媒介时代，信息通过各种媒介多渠道、多层次、多元化地与人们的生活交织在一起。媒介传播技术日新月异，互联网使过去从上至下的单向传播进化到扁平化、去中心化的多元传播模式。时尚渐渐走出其贵族圈落，通过媒介，呈现出"小众"与"大众"并存的多元化态势。

时尚有着双重特性，它的基因来自小众文化，最终融入大众文化。其中既涉及个体追求差异的个性化行为，又涉及大众模仿以满足其社会依存需要的从众行为。时尚传播是"小众精英文化"与"大众流行文化"之间的桥梁。

时尚产品生产的目的是为了消费。而时尚传播的目的是为了引导消费。时尚产品借助媒介对其产品信息、产品形象进行有针对性的定向投放。当消费成为时尚传播的最终目标时，其商业属性就突显出来了。在这个过程中，从产品包装、媒介选择、内容制作到资源整合等，都需要精准的定位和判断，需要恰到好处地利用传播媒介和传播规律等。

狭义的时尚传播可以被定义为：对时尚产品，如时装、配饰、汽车、家具等的艺术化的商业性传播。时尚传播是一个完整的过程，时尚产品信息被广而告知的过程，涉及到传者、渠道和内容、受者的多重关系。传播内容包含图像、文字、语音、电子传播。媒体的传播是通过产品形象、语言文字、活动等不同手段，有效地传达品牌理念、树立品牌形象的过程。

时尚传播对时尚产品的形象传播与塑造，既包括传播内容（产品、包装、目

---

❶ Roland Barthes.The Language of Fashion［M］.New York：Berg，2005：98–99.

标客户群、广告设计、预期效果等），也包括传播渠道（媒体的选择）。狭义的时尚传播起始于时尚产品设计的构思萌发，终止于时尚产品的销售末端，甚至可能更远，到使用产品后的消费者心理以及产品美誉度等。

从商业属性看，时尚传播的本质更接近于时尚品牌传播。无论是人际传播，还是大众传播，都是为了向受众施展品牌影响力，向受众展示品牌的差异和内涵，使受众关注、理解、喜欢与消费某一品牌。

时尚传播是新工业、新文明发展到一定阶段的必然产物，是时尚产业的重要推动力。20 世纪末，随着中国成为世界贸易体系的重要成员，全球的商业交流与商业活动更为活跃和多样。与此同时，中国经济的发展，以及人们随着生活质量的提高，对审美要求不断提高，对时尚有了更高、更广泛、更迫切的需求。时尚传播的商业价值越来越明显。

四、时尚传播的独特性

时尚传播与传统的传播学既有共性，又表现出一定的差异性。时尚传播的基本传播要素与传播学一致，如传者、受众、内容、渠道和效果等要素，除此之外，时尚传播还表现出一些独有的特征。

1. 艺术性

时尚传播的起点是审美，它传播的内容是与创意和审美有关的艺术化的观念、形象、作品或产品。时尚传播常被归为创意文化产业中，也源于这一特征。从内容到表现形式的艺术化表达，成为它与其他传播形式明显的不同。

2. 商业性

狭义的时尚传播主要是时尚品牌传播，其最终目的是形成消费。在这一框架下，传播的主要目标是塑造品牌的知名度、美誉度，打造品牌资产和提升品牌溢价能力，即盈利能力，它关注的不仅是信息传递，还有最终产生的商业价值。

3. 视觉化

无论广义的还是狭义的时尚传播，其在艺术化的表达中，较多表现为视觉化特征。时尚传播离不开视觉传播。视觉形象对于时尚传播来说，就像电影中的男主角与女主角，文字则更像配角。在时尚品牌传播中，传者主要通过视觉形象对受众进行视觉引导与说服，影响其消费喜好，推动其形成最终消费。

4. 符号化

时尚传播的意义系统与符号有关。许多意义的表现形式是以符号形式出现的，比如服饰文化通过服饰符号的表达。对符号的提取、创造与设计的过程，正是传播产生价值的过程。而符号的表达也受文化背景的影响。特定文化背景下，符号的表达有不同的规约。

第四节 时尚传播学的研究谱系

时尚传播是一门交叉性的新兴学科，这门学科时刻站在传播学、艺术学和营销学等的前沿，因社会进步和产业发展而生，并在不断吸纳新元素和不断摸索中逐渐形成独立的学科体系。

一、新兴学科

时尚传播是一门新兴学科，其形成过程与时尚产业和传播媒介发展的大背景息息相关。

20 世纪初开始，时尚产业空前发展。20 世纪下半叶起，在传播媒介飞速发展的背景下，时尚产品、符号、理念、潮流等以加速度的方式风靡人类社会。时尚从过去由小众群体把玩的点缀品和炫耀物演变为社会各阶层可消费的多层面、多定位、多选择的社交符号、娱乐载体和生活消费品。时尚传播将时尚产品、形象与理念等全方位推送至公众，在创业文化产业、时尚产业、广告业、传媒业形成了涡旋效应，其重要性逐渐凸显。

20 世纪末，时尚传播研究逐渐引起各领域学者的关注。美国的马尔科姆·巴纳德（Malcolm Barnard）在《传播媒介：时尚》（Fashion as Communication）一书中曾对时装、传播和文化的关系进行了探讨。❶沃尔贝斯（Marian Frances Wolbers）在《解密时尚》（2009）一书中对时尚传播与媒介给予了关注，他曾说："时尚传播不仅是指《Vogue》之类的时尚杂志，也指与时尚有关的各种信息。"❷

进入 21 世纪，时尚传播逐渐演变为独立学科，越来越多的学者开始进入时尚传播领域进行学术研究，国内外著名艺术高校对时尚传播专业方向有所关注，部分高校开设了时尚传播专业，如英国伦敦艺术大学伦敦时尚学院（LCF）、密德萨斯大学、诺丁汉伦特学院、赫瑞·瓦特大学、索尔福德大学、伯明翰城市大学、诺里奇艺术大学；意大利的欧洲设计学院、柏丽慕达时装学院、马兰欧尼时装与设计学院、米兰时装学院、意大利卢索服装学院、米兰时尚学院；法国的 ESMOD 国际服装设计学院；美国的帕森斯设计学院、萨凡娜艺术设计学院、芝加哥艺术学院、拉塞尔学院、美国时装科技学院；加拿大的瑞尔森大学；印度的国家时尚技术学院；日本的文化服装学院等高校都设有时尚传播专业。

在中国，北京服装学院从 2006 年起开始时尚传播专业的本科教学。2017 年 9 月，北京服装学院设立时尚传播学院，成为全球最早成立时尚传播二级学院的高校之一。东华大学 2013 年成立中国首个时尚传播研究中心，通过学术论坛等活动不断推进时尚传播专业的探索。目前，北服和东华都设有时尚传播本科和硕士专业，在国内高校中发挥了重要的探索、示范和引领作用。

---

❶ Malcolm Barnard.Fashion as Communication［M］.London and New York：Routledge，1996.

❷ Marian Frances Wolbers.Uncovering Fashion［M］.New York：Fairchild Books，2009：xxiii.

二、以传播学为核心的交叉性学科

时尚传播学以传播学为核心，与多个领域交叉，学术分支呈现为以传播学为主干的多元化倾向。时尚传播学的主要构成要素与传播学一致，如传者、受众、媒介、内容和效果等，但是因为时尚传播学具有的文化内涵、艺术特征和商业属性，其研究就不仅局限在传统传播研究范畴内，还与艺术学、设计学、营销管理学、语言学、心理学等多门学科交叉和连接。

传播学的形成过程也曾表现出很强的跨学科性。时尚传播学的形成，重复了这一过程。时尚传播学因其强大的生命力，以海纳百川之势，不断吸纳、融合上述学科的精华，逐渐发展成具有独立特性的新生学科。

如果将时尚传播学各个研究方向进行梳理和汇总，可以较全面地展示其多元化特性：

1. 新闻传播学

A. 传播学

传播学理论

视觉传播

符号学

媒介传播

国际传播

跨文化传播

舆论引导

B. 新闻学

新闻采编

新闻写作

新闻摄影

新闻评论

2. 艺术学与设计学

A. 艺术学

艺术学理论

视觉阐释

影像美学

感性审美

B. 设计学

美术编辑

图形设计

广告设计

计算机图形／可视图文／电子出版物

图形数字化处理

文体设计

C. 营销管理学

营销传播

品牌管理

广告

公关

消费行为研究

3. 语言学

语义学

社会语言学

心理语言学

4. 心理学与感知学

A. 艺术心理学

B. 认知心理学

　心理语言学

　色彩心理学

C. 工业心理学

　消费心理学

　营销心理学

　经济心理学

D. 受众因素 / 效果 / 反应

E. 感知学

　图像感知与识别

　图象合成 / 操控

　视知觉

5. 社会学

A. 文化研究

B. 意识形态

C. 道德 / 社会责任

三、国内外高校的学科现状

　　无论在中国还是欧美，时尚传播都是一门全新的学科，而且因为其与时代发展的紧密相关性，学科的内容构成随着社会变化与行业发展而快速更新。

　　国外，英国作为老牌的传媒帝国和时尚中心，其时尚传播专业在各艺术院校中设立最为普遍，其专业相对于意大利和美国等，传媒的特点最为突出，学科设置也最为完整。英国的时尚传播专业较为侧重编辑、媒介利用、文化、品牌营销、视觉传播等。如伦敦艺术大学旗下的中央圣马丁学院，其时尚传播专业分为三个方向：时尚编辑、时尚传播与营销、时尚历史与理论，该校同时招收时尚传播专业硕士研究生。伦敦艺术大学的另一所分校伦敦传播学院的时尚传播专业涉及杂志编辑与发行、时尚新闻、媒介传播、当代传媒文化、广告学、图像编辑与摄影、图像与媒体设计、公关等。诺丁汉伦特学院和赫瑞·瓦特大学都侧重图像或视觉利用，密德萨斯大学侧重视觉与品牌传播。由此看出，英国各相关专业围绕编辑、视觉、品牌营销等作了特色化的设置。伯明翰城市大学的服装设计与时尚传播专业糅合设计、杂志编辑和品牌营销于一体。英国各校专业并不雷同，各有重点、各有特色。

意大利的相关专业更倾向于品牌管理与传播。如马兰欧尼时装与设计学院相关专业称为时尚营销传播与媒介。柏丽慕达时装学院倾向于品牌传播，其专业设置商业属性较强，集品牌管理、广告与媒介利用于一身，课程包括时尚内涵、商业时尚、时尚消费社会心理学、广告历史与媒体传播、社会化网络传播等。欧洲设计学院（LED）的时尚传播专业融合了设计的内容，除传播课程外，还包括时尚买手、设计、销售管理等，其专业设置更倾向于时尚设计的市场化运作。米兰时装学院设有时尚传播硕士专业。

法国高级时装学院（ESMOD）的相关专业称为时尚商业策划与传播，依然以商业为主导，课程包括市场营销、传播和奢侈品管理等。

美国的帕森斯设计学院设有时尚营销专业以及艺术、媒体和技术专业，后者2013年刚成立，专注于设计、艺术、媒体和技术四个领域的交叉教学，培养学生跨学科知识，课程以工作室的方式培养跨学科环境下的创意人才。萨凡娜艺术设计学院的传播艺术学院相关专业侧重营销传播、广告与图像处理。芝加哥艺术学院、拉塞尔学院的相关专业为时尚传播与营销。美国时装科技学院相关专业的数字化设计、视觉表现、色彩原理与图像处理课程较有特色。

在国内，北京服装学院于2017年在原有时尚传播本科专业基础上成立了国内第一所时尚传播学院，整合了时尚传播、广告、摄影和表演四个专业，形成了一个时尚传播产业链式的教学和科研模式。东华大学的时尚传播专业同样具有深厚的基础和特色，其课程包括设计采编、新闻、传播学、摄影、广告等课程，并逐渐形成了自己的教学和科研特色。两所学校的学科设置都较为完善，在培养人才方面几乎与国外同步，都具有前沿性和时代性。

思考题：

（1）如何定义时尚？

（2）如何理解时尚传播的广义和狭义定义？

（3）西方理论家关于时尚有哪些论述？

（4）如何理解时尚传播的文化战略意义？中国的时尚传播实践者和研究者在提升中国文化的国际话语权方面可以发挥哪些作用？

第二章 时尚传播学理论基础

时尚传播承载文化符号，创造潮流、引导风尚；时尚传播塑造品牌形象，影响受众、创造利润。

时尚传播学的核心理论立足于传播学，因为其传播要素和传播过程与传统传播学一致。但同时，时尚传播学与传统传播学也表现出一些差异，如时尚传播学的商业性、审美性、艺术性差异等。

第一节 传播学视角

传播学兴起于 20 世纪 30 年代，具有较广泛的跨学科性质，其综合了经济学、政治学、社会学、人类学、语言学、心理学、哲学、自然科学等多门类知识点，学科领域交织在多种学科门类之中，最终逐渐发展成独立学科。传统的传播学主要是关于传播行为、传播过程，以及传播、人与社会之间关系的学科，对传播的商业价值探讨不多。

21 世纪初，新媒体兴起，媒介在文化和商业领域的价值越来越凸显出来，时尚传播随之发展起来，因此新兴时尚传播学的研究更多体现了最新的传播规律。本节从传播要素、传播模式、传播理论几个角度来解析时尚传播学的独特特征。

一、传播要素重心的转移

美国政治学家拉斯韦尔在《传播在社会中的结构与功能》一文中曾提出传播过程的 5W 模式，即传播者→内容→渠道→受众→效果。这五大传播要素界定了传播学的研究范围和基本内容。归到本真，时尚传播应在传播学的研究范畴内进行深入探讨，其传播要素，包括传者、受众、传播内容、渠道、效果的存在和主要运行模式，正体现了典型的传播学基本特征。

传播要素中，"内容"是传播的信息与讯息，它是由一组有意义的符号组成的信息组合，包括语言符号和非语言符号。❶"渠道"是信息传递所必须经过的中介或借助的载体，它可以是报纸、广播、电视、网络等。"内容"和"渠道"是信息流通的主要介质，二者密不可分。在过去，拉斯韦尔所提到的传播过程 5W 要素所代表的传统传播学的"渠道"更多指物理介质，而随着新媒体和营销传播的兴盛，人作为重要的传播渠道开始被提及，尤其在时尚传播领域，无论是文化传播还是商业性传播，人际传播所引发的舆论、话题、围观者、群体性传播、口碑传播等的作用都逐一显现。

同时，因为人际传播的重要性的提升，五大要素的重心发生了改变。在传统传播模式下，比如 20 世纪 90 年代电视作为强势媒介的时期，"内容为王"的媒介形式占据垄断地位，在传统模式下，大众传播是一种工具传播，比较间接，传播者和传播对象的地位不够平等，传播的主导权在传播过程的前端，即传播者和内容（图 2-1）。

$$\boxed{传播者 \rightarrow 内容} \rightarrow 渠道 \rightarrow 受众 \rightarrow 效果$$

图 2-1　传统传播过程

但是，在新媒体环境下，受众实现了信息接收者和发布者的双重身份，获得

---

❶ 拉斯韦尔.百度百科.http://baike.baidu.com/view/146608.htm.

了一定的传播主导权，反作用力逐渐增强，因此，传播重心逐渐向传播过程的后端（渠道和受众）移动（图2-2）。

传播者→内容→ 渠道→受众 →效果

图2-2　新媒体的传播重心

尤其在时尚传播中，传播重心进一步后移到传播过程的末端，即受众和效果（图2-3）。传播效果分为认知、态度和行动三个层面。在意识形态领域，传播者关注受众对传播内容的认知以及舆论影响的效果，在商业领域，传播者关注受众对品牌的知晓度、好感度和购买可能性，甚至会关注受众最终是否产生购买行为。

传播者→内容→渠道→ 受众→效果

图2-3　时尚传播中的传播重心

二、传播模式的改变

随着媒介形式的变革，不仅五大传播要素的重心发生了改变，其循环方式也在变化。在过去，传统媒体（包括杂志、报刊、电视等）主要服务于大众传播，因其对信息源的控制和单向的线形传播模式，信息自上而下垂直发布，舆论力求保持一致性，往往表现为明显的中心化特征。其中，"传播者"和"受众"为主要参与者，传播内容是信息，转换点是报刊、电视等物理媒介，传播功能为编码和解码。传统传播模式的主要表现如图2-4所示：

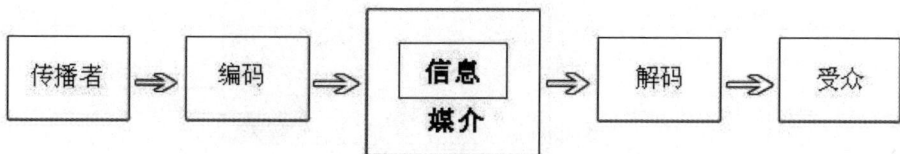

传播者 ⇒ 编码 ⇒ 信息媒介 ⇒ 解码 ⇒ 受众

图2-4　传统的单向传播模式

传统媒介环境下，信息单向传递。受众作为信息接受者是孤立的，缺乏对媒介的反作用力，受众间缺乏互动与沟通。

新媒体出现后，过去的线性传播模式被打破，信息传递呈现一对多的形式，受众的自媒体发布与受众间的互动使媒介传播呈现扁平式的分散发布态势。同时，因新媒体的兼容性特征，内容集平面、动态、互动于一体，其媒介渠道融物理与有机于一体，人际传播作为重要的传播介质，被纳入主流传播过程中，与大众传播并驾齐驱。

人际传播的直接性和现场感，给受众提供了面对面的交流场。大众传播是一种工具传播，比较间接，而人际传播的反馈本身就是一种传播，或者说这种反馈已经成为了传播的一部分，"人"既是传播内容，又是传播渠道。品牌通过人际传播树立口碑，维系老客户，吸引新客户，构建稳定的客户关系群，提升品牌的可信度与美誉度。

网络将过去垂直式的、自上而下的信息发布渠道逐渐转变成扁平式的分散发布体系。依据新的传播模式，笔者建立了一个循环式传播模型（图2-5）：

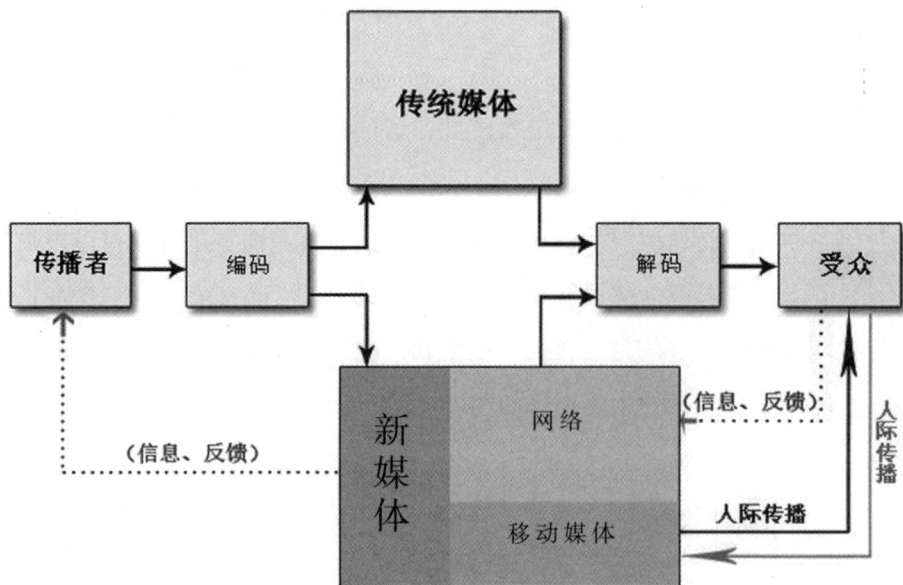

图2-5 循环式传播模型

通过此图，可以看出：受众的反作用力增强，传播过程表现为不断循环模式。新媒体（包括社交网络）打破了过去大众传播的线性传播模式，出现了一个包含人际传播在内的大传播圈，内外循环往复、兼容并蓄。同时，新媒体包括网络和移动媒体，通过门户网站可以进行大众传播，通过移动社交网络实现人际传播。同时人际传播通过反馈与互动与大众传播建立了联系，表现出较强的共融性。

无论从时尚的文化传播，还是从营销传播的角度看，上图都是一个完美的以受众为核心的传播"环流"。从意识形态角度看，可以产生话题和舆论，甚至导致病毒式传播，从营销传播角度看，可以产生粉丝回馈，进行粉丝营销，增强客户黏性。

如今的大众传播与人际传播并存，二者互相融合、互相渗透、互相完善与补充，使传播出现了更丰富、更完整的样态。

三、传统传播学理论的新纬度

1. 议程设置理论

议程设置理论最初主要用来解释新闻报道等大众传播媒介的信息传递。但时尚传播的双重性，即意义与物质系统，或者无形与有形内容的双重构成，赋予了传统传播理论更广阔的纬度。

议程设置理论的观点来自政治学，李普曼的《舆论》最早提出该思想，被认为是传播学领域的奠基之作。20 世纪 70 年代，美国经验学派的麦考姆斯与格拉斯哥大学媒介小组分别从议程设置、议事程序理论的角度研究传媒对受众的主观渗透。该理论认为大众传播往往不能决定人们对某一事件或意见的具体看法，但可以通过对信息的议题选择、内容安排、频率、强调或屏蔽等手段来有效地左右人们关注哪些事实和意见及他们谈论的先后顺序。大众传播可能无法影响人们怎么想，却可以影响人们去想什么。议程设置是大众传播媒介影响社会的重要方式。麦考姆斯与肖认为电视具有为公众设置"议事日程"的功能，以通过新闻报道和信息传达活动赋予各种"议题"不同程度显著性的方式，影响着人们对周围世界的"大事"及其重要性的判断。"电视新闻节目可以形成和强化观众对一个问题是否是国家最重要问题的判断。"格拉斯哥大学媒介小组曾指明，媒体往往为主流社会服务，自觉不自觉地反映一种精英意识。❶

从传播效果的认知、态度和行动三个层面来看，议程设置功能最可能影响到的是效果形成过程的最初阶段，即认知的效果。

从广义的时尚传播看，在意义系统中，如文化、观念的传播和意识形态的渗透，议程设置有助于制造话题并建立共识。通过议程设置，媒介可以使分散的群体共同关注某些议题，并达成某种一致。

而狭义的时尚传播主要指时尚品牌传播，其虽以商业性信息为主要传播内容，但仍然不能改变传播的本质。受众对品牌的选择性认知有助于提升目标品牌的知名度和口碑，同时，议程设置可以构造媒介事件，吸引眼球，捕捉公众的注意力，形成群体围观。

2. 涵化理论

20世纪60年代，乔治·格伯纳（George Gerbner）主持的涵化分析（Cultivation Theory，又被称为培养分析或教化分析）推崇媒介强效果论。他探讨了媒介的长期社会效果和对整个社会的影响，即潜移默化的效果，以及传播对社会心理与行为的导向效果。培养理论指出了电视所提供的象征性现实与客观现实之间的差距，长时段电视传播效果，包括电视新闻的说服力、通讯新技术的冲击力、电视中有关性内容的影响、政治传播的影响等，对受众和社会所产生的影响与结果。❷

20世纪80年代后，格伯纳在涵化分析基础上提出主流效果理论，提出每个

---

❶ 高金萍.西方电视传播理论评析［M］.北京：中国传媒大学出版社，2008：36-37，96-100.

❷ 高金萍.西方电视传播理论评析［M］.北京：中国传媒大学出版社，2008：120-122.

人的价值观、审美和信念呈现多元化倾向，但在观看电视的过程中，会变得与电视所呈现的主流意见趋同，并达成共识。 当电视所播放的内容、发表的观点与个人观点相一致时，涵化效果会产生共鸣效果。同时，当电视导致不同社会群体的意见趋同化时，就会发生主流化的效果。

主流化的效果是精英意识培养和精英形象塑造时极为关键的社会因素。在时尚文化传播中，媒介的重力吸引作用和共鸣作用，很可能影响受众群体对某一文化现象的共识，进而对某一受众群的文化认同、文化好感产生潜移默化的作用。比如，中国现在逐渐兴起的汉服文化，从最初零星几家媒体报道到多媒体参与传播的过程中，大众对汉服的认知逐渐从陌生、知晓到熟悉，并慢慢形成共识：汉服是代表中华民族博大精深的传统文化和礼仪的象征，是中国文化的精粹。在这种背景下，汉服的回归和主流化才逐渐形成可能。

第二节　两大体系和两大系统

时尚传播学的根源来自传播学，但是因为其与艺术和时尚等的紧密联系，又使其与传统的传播学表现出一定的差别，使时尚传播在多个体系和系统中运行。

从宏观层面看，时尚传播有两大运行体系：文化与商业。从时尚传播的广义概念看，时尚传播既包括风尚、方式、态度和观念的无形传播，又包括时尚产品等的商业性传播等。这个定义更明显地表现了时尚传播的文化属性与商业属性。在传统的新闻传播中，有偿新闻被认为是违背职业道德的，违背了客观、公正的原则。而在时尚传播的商业体系中，对目标对象的有偿和目的性宣传成为重要内容，主观性、个性化和创新性更是成为一大特色。但是在时尚传播的文化体系中，传播的目的性没有商业体系那么明显，其传播特征更接近于传统传播。

而从微观层面看，时尚传播有两大运行系统：意义与物质，这更像时尚传播的内在运行机制。因为时尚传播具有艺术性和商业性，其在传播过程中，就不再是单一维度的信息传播，而以物质形式出现的目标传播物，如时尚艺术品或时尚产品等，成为传播中的重要组成部分。作为传播目标的物品不是传播系统之外客观存在的，而是被故意纳入传播系统内，被人为打造或包装成具有特定传播价值或符号意义的物品。

一、两大传播体系：文化与商业

在文化范畴内，时尚传播的核心是风尚、方式或观念的形成以及时尚符号意义的表现与传达；在商业领域，时尚传播的核心是品牌形象构建、视觉引导和消费力影响。时尚传播的文化体系和商业体系既各自独立，又相辅相成、相得益彰。

时尚传播作为新兴学科，其在西方最早是在语言学和社会学领域进行的文化探讨，一些学者将其作为文化现象或符号传播，进行过一些研究，如美国的马尔科姆·巴纳德（Malcolm Barnard）的《传播媒介：时尚》（Fashion as Communication）[1]、罗德（Roland Barthes）的《时尚的语言》（The Language of Fashion）[2]和弗莱德·戴维斯（Fred Davis）的《时尚、文化与认同》（Fashion, Culture and Identity）[3]。到了 21 世纪第一个十年的末期，随着创意文化产业的发展以及时尚传播学科作为独立学科的出现，商业意义上的时尚传播研究开始兴起，如美国的沃尔贝斯（Marian Frances Wolbers）的《解密时尚》（2009）。[4]但是，对文化和商业两个体系进行的综合性研究还极其缺乏。

如果仔细看后一章的时尚传播文化和历史，也许会发现，在整个时尚传播发

---

[1] Malcolm Barnard.Fashion as Communication［M］.London and New York: Routledge, 1996.

[2] Roland Barthes.The Language of Fashion［M］.New York：Berg, 2005.

[3] Fred Davis.Fashion, Culture and Identity［M］.Chicago& London：The University of Chicago Press, 1992.

[4] Marian Frances Wolbers.Uncovering Fashion［M］.New York：Fairchild Books, 2009: xxiii.

展进程中，文化与商业密不可分。从中国古代丝绸之路的服饰商贸活动开始，服饰产品的贸易往来已具有传播的实际形式和价值。在这一过程中，中国服饰的图案、色彩、形制和面料等对周边国家，乃至西方国家的影响，已经开启了文化传播，文化与商业传播从一开始就相依相存。时尚传播在文化领域的影响从古延续至今，其商业价值则随着工业革命而凸显，在时尚产品作为高端贸易品之后更加为人们所重视。

时尚传播的商业价值越来越受到关注，但是过于强调商业价值，实际上是在断送时尚传播的可持续性。无论时尚产品以何种形式活跃在商业领域，其背后的重要支撑来自于文化。文化传播是商业传播的灵魂。没有文化内涵和文化根源的时尚产品，从一定意义上说，是缺少传播价值的。在商业领域，成功的品牌通常具有深厚的文化内涵，其产品呈现极强的文化符号指征。

在文化范畴内，时尚传播的核心是风尚、方式和观念的形成以及时尚符号的表现、创造与传达。在艺术领域曾流行一句话："民族的才是世界的。"这句话的本质说明任何艺术作品或产品，如果脱离其特有的文化背景和民族性，将难以获得世界的认可和尊重。从另一个意义上说，人类的艺术活动或所创造的艺术产品，是在不断探寻、发现、记录、传承与创造其文化符号。文化作为人类文明的表现形式和存在方式，成为人类内心归属和精神依存的重要载体，艺术作品和商业产品作为外在形式，不可能脱离其文化根源。时尚产品作为具有艺术特征的商品，其商业性不能完全脱离其文化属性。

二、两大传播系统：意义与物质

从微观层面上看，时尚传播具有两大系统：意义和物质，这一点从哲学认识论的角度也可以解释。无论是文化体系还是商业体系，时尚传播的意义系统和物质都微观存在，既各自独立又互相依存。

1. 时尚传播的意义系统

时尚传播的意义系统表现在它在价值观、意识形态、公众舆论、观念、文化偏好等方面的渗透力和影响力。社会凝聚力往往在归化和融合不同个体的过程中产生多样性意义系统。社会凝聚力的增强保证了社会整体的统一性和稳定性。反过来，个体也往往在多样性的意义系统中，满足主体内心个性与群体性的不同归属。时尚传播推动了社会多样性意义系统的产生，使多样性个体的不同诉求找到归属，得到表达。

时尚传播的符号系统直接承载了意义的表达功能。传播者通过艺术化的形式，将携有文化基因的意义符号进行编码，置于传播内容之中，通过各种媒介传播开来。意义系统以隐性的方式，在文化和商业传播体系内运行并施加影响。

传播使文化基因得以繁衍和传承，使意义系统表现出巨大的社会价值。通常我们会看到，民族服饰符号的稳定性往往较强，因为大多数的民族服饰具有文化传承的社会群体意义，作为民族凝聚力的重要归化手段，结合礼仪和仪式，将各民族的服饰所欲表达的民族精神和核心文化内涵传承下去。这一特点体现了时尚传播中的服饰文化传播的意义系统运行的价值。在今天，中国从上至下呼吁汉服的回归，正是对中华民族的本源和对民族精神的一种集体召唤。汉服的热潮也是对中国传统服饰符号意义系统的一次复兴。

如果从商业领域看，意义系统主要体现为时尚符号，它是品牌传播的内部运行机制，如同品牌传播的血液，时时刻刻影响着物质系统存在的活力和有效性。比如品牌广告中的图像、选取的模特和文字等，作为表达意义的符号表征，通过艺术化的表现，传达了品牌的理念和内涵，其意义传达过程中对受众施加的视觉影响决定了其品牌的形象、格调和价值。

2. 时尚传播的物质系统

物质是意义的载体，是承载和表现意义系统的实体。在文化体系内，物质是具有文化符号表征的艺术品、服饰、建筑等，非商业性居多；而在商业体系内，物质主要表现为商品，传播者传播的对象是品牌。

物质系统并不能完全独立于意义系统。作为商品的物质，其意义系统的运行主要目标在于塑造品牌形象、提升品牌溢价能力（即盈利能力）并形成消费者购买力，其意义的运行带有很强的商业目的，与之相对应的物质体统则具有明显的商业性。作为非商业性的物质，其意义的载体不是商品，往往不具有流通性，意义的传播不以盈利为目标。比如故宫、颐和园等各个时期的知名建筑，体现了所建立时期的设计风格、审美标准，甚至社会规范等。而这些建筑的风格被民间流传并效仿的过程，是自发而非商业性的传播过程，是人们对时尚的自动选择和崇尚过程。

除此之外，电视和网络等物理媒介也可以理解为传播中的物质系统。正如时尚符码总是通过各种媒介传播的，意义系统也是通过各种媒介来产生作用的。传播者选择什么样的媒介来做符号的载体，会影响到其所传达意义的编码形式和传达效果。

总而言之，意义和物质既各自独立，又相互依存。时尚不仅只是物质实体，还带有人类主体的主观情感与价值意义。

第三节　时尚符号学

传播学就是研究人类通过何种手段及渠道来实现对符号的运用，从而参与和完成社会信息交流的一门学科体系。[1]符号是传播的核心要素之一。符号的传达中，编码过程就是发信人将想要传达的抽象的、复杂的信息利用符号来实现可感化的过程。解码过程就是收信人接收到信息，按照符号的规则重新读取所承载的信息。这一过程是在收信人的心理空间实现的。符号的编码与解码都是为了信息的传达。在时尚传播中，符号的功能可以分为两类即表意功能和美学功能。

---

[1] 周惠萍.商业公共关系传播方式与效果的深度思考［J］.商场现代化，2006（9）：193-193.

一、符号的表意功能

关于传播，索绪尔曾提出符号的能指与所指理论。[1]能指即符号可感的外在形式，比如词语、话语、实物或影响。所指即符号的意义，从符号获得的经验、了解的内容或情感反应。在服装这个符号系统中，能指更多指向外观（一件衣服、一款皮包或一种发型），是具体的、看得见的实物（服装）或形象（外观），能传递意义。所指则更抽象、难以触知，它是能指所指涉的概念或意义。服装作为外观符号融合了能指与所指，类似于可触知的实体（部分）或形象（整体）和不可触知的意义或信息的混合体。因此，外观符号既具体（可触知）又抽象（不可触知）。

符号学家罗兰·巴特则提出符号意义的不同层次，他认为指示意义是符号所表达的第一个层次的意义，暗示意义是符号所表达的第二个层次的意义。指示意义和暗示意义共同构成符号的第三个层次的意义，即"神话"。这里的"神话"也就是社会中主导人们思想的意识形态，它是人们思维、解读事物意义的基础，赋予我们在一个文化中的经验意义。"神话"在社会中起着意识形态的自然化事物的功能。它们的功能是制造社会主导的历史和文化价值观，一些看起来像是完全自然、正常和共识的态度和信念。[2]

暗示意义是符号通过特定的语境、环境、文化传统和习俗的背景，暗示给受众，让受众联想到的另外的意义。传达暗示意义，一种很重要的方式就是隐喻。罗兰·巴特认为，人类天生就喜欢类比。在符号学意义上，隐喻就是通过一些人们熟悉的语汇来表达人们不熟悉的事物。隐喻是一个在设计中能达到事半功倍的设计策略，也是一些设计大师创造精美绝伦的设计之美时常用的一个策略。比如，勒·柯布西耶设计的朗香教堂，通过建筑表达出类似"视觉领域的听觉器

---

[1] 任悦.视觉传播概论[M].北京：中国人民大学出版社，2008：13-19.
[2] 唐纳德·诺曼著，梅琼译.设计心理学[M].北京：中信出版社，2003：7.

件"（acoustic component in the domain of form）的神秘主义风格（图2-6）。

图 2-6 法国朗香教堂

W.J.T・米歇尔在索绪尔的理论基础上提出四分模式。他认为传播除了能指与所指之外，还存在表征的生产者和观者这两个因素，强调符号的意义是在交流中产生的，而图像符号的交流功能很强。[1]米歇尔的理论似乎更适合传播媒介研究。随着网络的日常化，带有图片、视频共享功能的网站或社交网络（如微信）越来越普及，受众的身份不断在观者与生产者之间转换，共同成为信息的创造者和传播者，社交从线下走到线上，非接触型社交更为普及。符号超越能指与所指的范围，而随着更多的人际传播因素，如观者与生产者深度参与到传播过程中。

二、符号的美学功能

美国实用主义哲学家和符号学家皮尔士在索绪尔的理论基础上提出符号学三分法，即表示项（即事物的符号形式）、对象（即被符号指涉的对象或事物）与解释项（对符号的解释或符号的意义）。[2]换言之，符号是代表性、指涉性与解释性的"三位一体"。皮尔士的理论试图从实用主义哲学角度解释客观世界的各

---

[1] W.J.T. 米歇尔著，陈永国，胡文征译.图像理论［M］.北京：北京大学出版社，2006：3.
[2] 袁漱娟.现代西方著名哲学家评传［M］.成都：四川人民出版社，1988：485.

种符号现象，探索符号意义的普遍生成过程。

俄罗斯语言学和符号学家雅可布逊（Jakobson）则从形式主义和结构主义的角度提出符号的美学功能。❶雅可布逊从诗学研究中观察到构成艺术作品的能指之间通过物性层面形成相似关系，而这种相似关系又通过意指过程发挥作用从而影响到人们的审美定势，这种物性层面上的相似性所引发的意指关系，即平行结构，成为艺术作品中美感的来源，而"平行是以对等原则为运作机制的"。❷雅可布逊进而提出平行关系中符号的"内向符指过程"（imputed introversive semiosis），即符号指向符号本身。❸这种自指性，体现在艺术作品中就是具有相似性的审美符号指向信息自身。❹因此，艺术符号和图像符号、标志符号以及象征符号构成了符号的子类别。❺

皮尔士提出能指与所指之间存在着毗邻性或相似性，在此基础上雅可布逊又提出艺术符号的能指和所指之间存在着成规相似性。❻审美符号的美学意义往往受到来自社会、文化和习俗的影响，相同的结构在不同的文化环境下，受到诸多文化的影响而具有规约性的意义。❼

如果以雅可布逊的成规相似性原则来理解艺术性传播，会发现符号的设计与创造过程产生了两大价值：文化价值与商业价值。审美符号的自指性（self-reflexity）能够吸引受众的目光落到符号上。当传者或设计师按照一定的审美原则进行创作的时候，其产品或作品被按照某种文化指征而设计和创作出来。这一

❶ 赵晓彬，韩巍.雅可布逊的美学符号学思想初探［J］.外语与外语教学，2011：86–87.

❷ Jakobson R.Linguistics and Poetics".Poetry of Grammar and Grammar of Poetry［M］.The Hague：Mouton Publishers，1960/1981：27.

❸ Jakobson R.Languagein Literature［M］.Cambridge：MIT Press，1987：451.

❹ 特伦斯·霍克斯著，瞿铁鹏译.结构主义和符号学［M］.上海：上海译文出版社，1977/1987：75.

❺ Winner T.Language，Poetry and Poetics［M］.NewYork：Mouton de Gruyter，1987.

❻ Jakobson R.Languagein Literature［M］.Cambridge：MIT Press，1987：451.

❼ Jakobson R.Poetry of Grammar and Grammar of Poetry［M］.The Hague：Mouton Publishers,1960/1981.

过程中将某一文化中特有的经过时间、智慧和工艺等积淀而成的无形价值以相似性原则置于所欲表达的对象（事物、理念或符号）中，并通过艺术符号形式表现出来，形成受众所能理解或关注的产品或作品。这一过程不仅承载了文化传播价值，如果在商业性传播中，其所形成的视觉引导和视觉说服，则促成了受众最终的购买行为。

另外，在审美符号中，对等关系的能指与一般符号有所不同，它获得的是美学功能或美学价值。以平行结构为媒介，艺术符号与其他符号产生类比性或相似性指示关系。

当然，时尚传播中的符号既包括文本，也包括艺术形式。比如以毕加索为代表的立体画派，用圆柱体、球体和圆锥体作为重要元素来进行艺术表达，他们在画中，努力消减画作的描述性和表现性，而构建起一种几何化倾向的画面结构，体现画面的结构美。另外，依据同时性视像的绘画原则，将物体多个角度的不同视像结合在画中的同一形象之上，以此来表达对象物最为完整的形象。立体主义的艺术家追求碎裂、解析、重新组合的形式，表现的人物或自然事物似是而非，具有一定的抽象性和隐喻性。画面上的每个元素不妨理解为与要表达的事物具有相似性的符号，而画家则以一种超越同代、具有较高抽象性的、超现实性的表现方式，展现出前人未曾尝试过的相似性符号的创意性艺术表达。这也是为什么观者和市场会给与毕加索画作以热情而具经济价值的回报，因为其画作所体现出的无形资产——创意性价值，其所展现的相似性符号具有颠覆性、审美性和内涵型（图 2-7）。

图 2-7 毕加索画作《坐在红沙发上的女子》

时尚传播者或艺术设计者的贡献就在于在创造这些与被指谓对象具有相似特征的符号表征时，投入了无形的智力因素。在这一过程中，将个人的创意和艺术审美通过具有相似性的类比物置于传播环节中，成为传播内容，这些智力投入和创意形成了无形价值。具有相似性的符号表征越具有审美性，就越具有视觉说服能力，其文化影响力也大。而在狭义的时尚传播，即品牌传播中，其创造商业价值、实现商业目标的可能性也大。传播的价值是在创造与所表现对象具有相似性符号的过程中产生的。

比如中国的《周易》被认为是中国的哲学之心、艺术之源，其用八卦，即乾卦、坤卦、震卦、艮卦、离卦、坎卦、兑卦、巽卦，将天、地与人的关系高度概括；用一阴一阳极为朴素的唯物主义原理，将天道与人道的规律清晰解析。儒、道两家都受其影响。

图 2-8　周易八卦图

　　《周易》是至今仍无人能完全通晓的上古典籍。八卦作为上古的符号，对天、地、人内在规律的洞悉超越了几千年的人类智慧，符号学价值颇有"一览众山小"的意味（图2-8）。其符号相似性表达的层级之高，符号组合变化之多样，决定了它的文化价值、历史价值、哲学价值和艺术价值，使之成为至今无人能超越的古典书籍。

三、作为媒介的服装

　　服装是人类物质文化与精神文化的载体。"服装是人类为满足自身的生理和社会、文化、审美等需要创造的文化产品，是以人的身体为轴心，以人的身体特征及其与自然、社会环境关系的调适为基本诉求的，兼具自然和文化两个方面的基本属性，以及实用、审美、信仰、伦理等多方面的功能意义。"❶可以看出服装作为物质与精神文明的载体，自身兼具能指与所指的符号功能。

　　在服饰文化里，服饰的能指是服饰的外在物质形态，具体包括款式、色彩、

---

❶ 段梅.东方霓裳［M］.北京：民族出版社，2003：5.

图形、结构、工艺等物态要素；服饰的所指是服饰内在的隐含意义，包括服饰的涵义、民俗、象征等意象层面。符号元素的传递使得服装所指性的意义更加明确，符号化的意指作用更加完整。

服装本身也是一种媒介，它意蕴丰富，有多样的思想内涵。服装不同于其他商品，它既是可见的实体，又是一种符号，实体与符号以高度视觉化的方式联系在一起，指示穿着者的特征。因为服装既是物质实体又是人类意识的承载物因而它同时具备实用功能与美学功能。服装作为人的社会属性的标识，作为一种社交符号，在日常交往中，人们通过辨别和参考这种符号作为区分个体特征差异的方法之一。

服装从出现的那一刻起就兼具有实用功能，即保护功能，经过几千年的演变与进步，除了实用功能外，还形成了丰富的非语言符号体系，如服饰的款式、颜色、面料、配饰等。各个民族服饰语言符号无一例外地留下了各自的文化烙印。服饰不仅体现了物质文化和精神文化的统一，以及审美主体内的情感外化，而且在一定程度上透视出特定社会以及民族的政治、经济、文化、习俗，以及审美倾向。

"人们创造符号系统的目的不外乎两类：一类是为了实现客观的功利目的，即信息或价值的忠实传达；另一类是为了满足主观的情感需求即审美的需求。利用符号给人以审美需求的功能就是符号的美学功能。"❶

在服饰符码中，身体肩负的是话语建构的功能。在符码的演绎与身体的话语建构中，身体美学也得以形成，这便是服饰符号的审美功能。很多设计师的服饰只是以纯粹的艺术角度来传达设计师的审美知觉。"其根本的目的不是为了信息的传达，而只是为了让各位受众能在艺术作品中进行情感内涵的诠释，即内容的再创造，并在这种再创造之中获取审美的愉悦。"❷ 而服饰符号一般都兼具美学功

---

❶ 李彬.符号透视：传播内容的本体诠释［M］.上海：复旦大学出版社，2003:120.
❷ 李彬.符号透视：传播内容的本体诠释［M］.上海：复旦大学出版社，2003:125.

能与实用功能，服饰符号的美学功能以服饰为承载体与身体的建构呈现服饰的美的功能，服饰符号与身体美的相互作用达到一种和谐美好的状态。

服装是具有符号意义的实物，是意义与物质的结合体。服装作为精神意义的符号，具有很强的暗示意义。个体受社会情境的影响，通过选择能指的具体实物（如服装款式、色彩与搭配），控制所指的意义指向。服装、鞋帽、皮包和佩饰等，都是表达身份和个人品位的符号系统。个体选择与自己所倾向的社会特征或品质相近的服装，并希望得到别人的认同，如通过在公众场合穿着旗袍，暗示东方文化倾向与品位。服装作为符号，更像是个体通过外观来传递的信息，通过对符号的选择来控制信息的喻义，通过选择服装的风格，来传递特定的信息。

四、服装符码与文化基因

时尚传播既有文化属性，又有商业属性。文化基因决定了时尚传播的内在价值。无论东风西渐，还是西风东渐，没有文化内涵做支撑的服饰传播是很少见的，也是难以持久的。

从狭义的时尚传播看，企业在品牌塑造过程中，其核心动力和精神主要源自品牌文化。因为时尚的来源与小众的、宫廷化的风尚和物品有关，因此，国际知名的时尚品牌通常会保留或制造一些有宫廷文化特色的元素。如博柏利（Burberry）的绿配红"女王格纹"、香奈儿（Chanel）由凯瑟琳·美第奇与香奈儿首字母组成的"双C"组合，纷纷暗示品牌与文化的渊源。在中国，建筑、服装和家具等都载有文化的基因，比如在老字号食品之前冠以"御"字，在服装设计中加入传统刺绣或图案等，都显示了品牌对文化的青睐。

纵观世界一流奢侈品，其深入骨髓的文化基因，是颇能给后起的时尚品牌缔造者一些启示的。从老牌奢侈品爱马仕到新兴的轻奢品牌杜嘉班纳（Dolce & Gabbana），无不深深扎根于本民族文化根源，在文化内涵的表现力上不断地挖掘和诠释。西方知名品牌对其文化的忠诚与热爱，是值得中国品牌缔造者们学习的。

　　杜嘉班纳是意大利新晋的轻奢品牌，以拜占庭文化和罗马宫廷文化为主要灵感。每一季的时尚秀演和广告片，无论如何变换设计元素和样式等，其文化核心却从未改变。其多样化的设计和内隐的文化意识已经成为吸引受众的重要特色。比如其 2017 年秋冬男装秀演"新王子"主题秀，延续了一贯的巴洛克式的华丽宫廷感，闪耀的王冠、盘绕的花卉、被金银线包裹的刺绣、缜密排列的华丽徽章、耀眼的宝石亮片、造型多样的军装等元素不断出现（图 2-9）。

图 2-9　杜嘉班纳 2017 年秋冬男装秀

　　再如，迪奥（Dior）最钟爱的设计元素之一蝴蝶结（图 2-10），来自于法国路易十六，在当时的宫廷服装中，这一元素被频繁使用，从路易十六的皇后玛丽·安托瓦内特的油画可见一斑（图 2-11）：

图 2-10　迪奥的蝴蝶元素

图 2-11　路易十六的皇后玛丽

在国内，中山装作为中国的正装有着特殊的符号意义。中山装由孙中山先生创建，从民国时期到新中国建立一直被认为是中国人的正式着装。在 1949 年开国大典上，毛泽东主席曾穿着中山装，而不是西装，站在天安门城楼上宣布新中国的建立。这样的服装符号是在向世界传递中国的独立精神和全新形象。

如今，人们对带有中国文化基因的服装符码越来越崇尚，比如盘扣（图 2-12）、刺绣等元素越来越多地出现在人们的日常服装上。

图 2-12　盘扣

再如中国古代帝王及高级官员礼服上绘绣的十二章纹，分别为日、月、星辰、群山、龙、华虫、宗彝（yí）、藻、火、粉米、黼（fǔ）、黻（fú）等（图2-13）。十二章内涵丰富：日、月、星辰代表三光照耀，象征着帝王皇恩浩荡，普照四方；山，取其稳重、镇定之意；龙，取其神异，象征帝王们善于审时度势地处理国家大事和对人民的教诲；华虫，羽毛五色，甚美，取其有文彩之意；宗彝，取其供奉、孝养之意；藻，取其洁净之意；火，象征帝王处理政务光明磊落；粉米，皇帝给养着人民，安邦治国，重视农桑；黼，取其割断、果断之意；黻，两个弓字相背，取其辨别、明察、背恶向善之意。

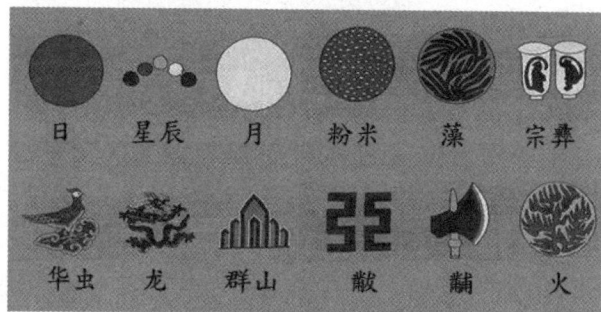

图2-13　十二章纹

十二章纹的起源可追溯到史前时期，到了周代正式确立，成为历代帝王的服章制度，一直沿用到20世纪初。这些元素作为中国服饰的文化遗产被传承下来。如今，封建王朝已不复存在，这些符号不再是帝王将相的专属品，而成为中国传统文化元素的一部分被传承下来，并逐渐成为设计师的设计元素。龙纹更成为男士颇为喜爱的传统装饰图案，无论在传统服装，还是玉石篆刻上，都常看到龙的图案（图2-14）。

图2-14　传统艺术品中的龙纹

服装符码承载了深厚的传统文化基因，对其文化内涵的深度挖掘，是塑造具有民族特质的国际化品牌的根本。

"民族的才是世界的。"要创造出既有文化深度、创新能力，又有影响力的世界品牌，中国自主服装企业或许还需要更多文化研究者和传播工作者的共同协作。

五、注意力经济与符号消费

到了现代，服饰符号被赋予了更多的商业价值。明星作为一种时尚符号，成为品牌吸引关注、进行视觉说服的手段。为了提升品牌价值，各大时尚产品纷纷选择与品牌形象气质相吻合的明星穿着自己的服装或出任各自的代言人。明星通常拥有广泛的注意力资源，注意力资源可以通过媒体产生，并可以再回到传播媒介，在媒介传播中产生更大的传播价值，借此创造财富资本。

迈克尔·戈德海伯在《注意力购买者》中提出了注意力经济的概念。管理学家达文波特也曾在其畅销书《注意力经济》中这样写道："在新的经济下，注意力本身就是财产，金钱将与注意力一起流动。""目前，有关信息经济的提法是不妥当的，因为按照经济学的理论，其研究的主要课题应该是如何利用稀缺资源，而在信息社会中信息不但不是稀缺资源，相反是过剩的，只有一种资源是稀缺的，那就是人们的注意力。"❶

名人符号是具有独特的能指与所指的特殊符号，他们通常具有独特而鲜明的性格和魅力，以区别于受众在解码时对其进行的一般化解读。名人符号以符号能指层面独一无二的魅力形象引起受众的好感，感染他们的情绪。名人符号在能指层面所具有的美学（诗性）功能更容易对受众进行"软化"和"催眠"。明星所

---

❶ 托马斯·达文波特，约翰·贝克著，谢波峰等译.注意力经济［M］.北京：中信出版社，2004:95.

具有的关注力的大小也决定了他们的"催眠"效果，更高的人气能吸引更多的关注力，对品牌来说也具有更高的商业价值。这也是为什么世界顶尖时尚品牌乐于与明星或名人结盟。

第四节 视觉文化与意识形态

在社会科学研究中，意识形态的作用应该被纳入文化研究范畴来，因为社会生活并不是简单的物质化的机械运行过程，而是在物质系统运转的同时，挟裹大量意义符号的创造、传播、解读与施加影响等的复杂过程。从这个角度说，对文化现象的研究也可以视为对意义系统作用于人的观察和研究。时尚传播与艺术不可分，艺术信息和艺术形式往往具有跨国界、跨文化、跨意识形态的功能，其在意识形态领域潜移默化的作用不可小觑。

一、符号的社会编程

在文化的范畴内，不仅具有描述特定历史社会现象、习俗、惯例和价值观的描述性概念，还具有展现社会和历史时期的象征形式的意义构成和社会背景的象征性概念。[1]而象征性概念与象征形式和现象有关。

从传播学的角度看，文化研究的核心内容是对象征形式和象征行为的观察和解析。时尚传播中的意义系统与文化的象征性概念有着极为密切的关系，因为时尚传播与符号的创造和表现有关。甚至可以说，时尚传播学科的兴起，正是信息化时代象征形式在现代社会被更频繁使用和更快速传播的结果。

象征性符号被用于社会编程，其携带特有的文化基因，通过传播进行审美引

---

[1] 约翰.汤普森著，高铦等译.意识形态与现代文化［M］.南京：译林出版社，2005：136.

导和文化喜好的影响。通过媒介，具有特定文化特征的信息被投射到受众乃至受众的心灵中。

媒介时代，符号等象征形式被置于更加重要的位置。在互联网的虚拟空间里，象征化特征较为明显，比如社交网络中，人与人在非接触型社交中所塑造的虚拟化身份，包括头像、身份标签到自我设定。

二、意识形态与文化话语权

时尚传播无论是文化传播还是商业传播，其对象征性概念的生产和传输都与意识形态不可分割。在前面，我们提到过相似性符号的成规性，即传播过程中，对所指谓对象的相似性符号的艺术化创造过程都受到特定文化的制约，这一创造行为的来源、表达和检验过程都脱离不了其所处的文化背景。

意识形态是象征性符号被社会编程后产生的效果，隐含着权力话语，它对身处其中的人们形成一种渗透、规范与约束，并渐渐内化为主体的意识。将非真实视为真实，将镜像当作本质。英国文化研究学者斯图亚特·霍尔认为："媒介如果成功地将其对世界的表征变为一种公认的对现实的定义，媒介就成功地控制了阅听人，获得了一种强有力的社会权力。"● 霍尔所说的表征即象征形式，他所提到的社会权力就是话语权、评判权。时尚在文化的自我特征与群体特征、文化认同与归化、文化渗透等都与象征性概念有关，其话语权的作用是潜移默化的。

从上层建筑的角度考虑，文化作用于时尚传播最大的价值就在于其对意识形态的影响。通过对象征形式的选择、创造与传播，将携有文化基因的象征性概念植入传播信息中，慢慢形成了意识渗透。

● 霍尔."意识形态"的再发现：媒介研究中被压抑者的重返［M］.台北：台北远流出版事业股份有限公司，1994：116–117.

可以理解，人作为个体，亲身感知到的世界范围有限，其对世界的理解更多来自于媒介所提供的信息。这里的媒介既包括国家、组织或企业所运营的电视台、杂志、电台等，包括新媒体等自发性传播渠道，也包括人际传播等传播媒介。

在这些媒介中，世界的图景是谁提供的、又是以何种标准塑造的？同样，在时尚传播范围内，时尚作为特定时期的风尚或被崇拜物，其源点何在？

盲目的跟风式传播似乎不足以体现时尚传播引领性、时代性和文化价值。作为传播工作者，深度理解传播的内涵，以思考的态度选择、创造和传递有文化价值的信息和符号，做思想的引领者、敏锐的观察者和创造者，似乎才更能体现其职业价值。在当今的媒介环境带来传播格局变化的背景下，时尚传播的文化属性和商业属性都被放大，时尚传播在一个国家的文化战略和经济建设中起到重要作用，给了传播工作者以更大的发挥空间。

服装作为文化的载体，对人们意识的影响是潜移默化的。由于历史原因，在20世纪下半叶，西方国家占据了国际时尚传播的主导权与话语权，西方文化的精华和糟粕同时在全球范围流行，东方文化在很长一段时间在国际上缺位。比如以"泛娱乐化"为代表的西方文化的负面因素如火如荼地生长，对年轻人的侵蚀极为严重，而与之平衡的"崇德内敛"的东方文化却没有形成足够影响力。"以衣载道，礼化天下"，中国的服饰符号所承载的中国哲学、文化精髓和礼仪之美应该被世界人民所认识和重视，如何跨越文化冲突，提升文化传播的价值和效果，时尚传播者应该有所理解。

从意识形态层面看，无论从公元前"东风西渐"所引发的中国时尚文化对西方的影响，还是近现代"西风东渐"中西方文化的碰撞，都能看出时尚对文化的推动与渗透作用。中国清朝末期在国际时尚传播的缺位，使中国失去了太多参与确立现代时尚规则的机会，也因此错过了构建中国时尚文化话语权的机会。作为东西文化交融中重要的一极，尽快融入世界潮流，不仅做跟随者，更要做引领者和内容的提供者，这个链条中传播的作用不可替代。

总而言之，任何国家的综合实力最主要体现在经济实力和文化实力上。在当今"和平与发展"作为全球的共同主题的背景下，塑造国家形象、提升全球影响力、取得与巩固全球文化话语权，成为各国国际战略的重要布局。

第五节　视觉文化中的拟态环境

匈牙利电影理论家巴拉兹曾提出过视觉文化的概念。法国思想家居伊·德波认为视觉图像的存在就是"景观社会"。而视觉文化的转向，"不仅仅是反映和沟通我们生活世界的新形式，事实上，它还创造了这个世界，通过图像建构、折射或扭曲一个民族或个体的信念价值或意识形态。"无论是广告宣传还是其他影像媒介，常常通过图像来表达理念、情感和价值观，用细微而几乎看不到的形式影响着我们的日常生活。❶

美国著名的新闻学者李普曼（Walter Lippmann）在《舆论学》（Public Opinion）中曾指出："我们必须特别注意一个共同的要素，即人们和环境之间的插入物——拟态环境……因为，在社会生活层面上，所谓人做出适应环境的调整是以虚构为媒介来进行的。"❷也就是说，在人们和真实环境之间存在着一个拟态环境，即媒介或信息传播机构所塑造的环境，人们往往是对这个拟态环境做出反应的。

英国文化研究学者斯图亚特·霍尔则认为媒介是表意（signification）的工具，媒介通过表意过程建构现实，制定"形式的定义"，给受众提供一个世界的图景。"媒介一方面用共识来引导自己，同时又以一种建构的方式试着塑造共

---

❶ 揭晓.视觉文化传播与意识形态日常生活化研究［J］.社会主义研究，2016（1）：69.

❷ Walter Lippmann.Public Opinion［M］.Wilder Publications，2010.

识。"❶

李普曼与霍尔的观点有内在的联系。李普曼的观点强调媒介作为拟态环境对人的意识的影响，而霍尔则阐明了这种影响是如何形成的。传播过程的主要功能就是在与信息和媒介相连接的环节中完成，是拟态环境的构建者根据一定的标准、原则对事实信息进行符号性的结构化构建，以形成共识的过程。

属于大众媒介的平面媒体和电视分别运用静态的和动态的图像，营造一种生活的景象，并赋予这种景象以精神内涵，建构了独特的拟态环境。图像具有情境再现的功能，而视觉环境是人为构建的再现的情境，即通过拟态环境实现真实情境再现。视觉信息可以通过图像将现实进行再现，并将现实景象本身存在的潜在意义通过重构或再现表达出来。图像上显现出来的物质现实的存在形式，并不是物质现实本身，而是通过图像再现的一个假定的现实世界，受众对这个虚拟的镜像做出反应。图像可以再现现实，也可以通过虚构故事情节表现。但无论是虚构的或非虚构的视觉故事情境，其出现在受众面前的首先是一个形象的符号。图像经过精心设计，其意象使受众沉醉其中，把自己与画面人物的形象重叠，通过表意塑造情境，产生情感交流，因此平面媒体和电视所塑造的拟态环境具有情感渲染的作用。

让·拉特利尔认为："不能低估图像文化，尤其是动态图像文化，由于它们通过图像作用于情感，从而已经并将继续对表述与价值系统施加深远影响。"❷视觉形象给价值传播带来重大影响和冲击，影响了受众的文化喜好、价值观的塑造，以及消费理念与消费行为。

从商业传播看，共识的另一面就是品牌的认同感与美誉度。在新媒体中，通过社交网络的拟态环境，通过人的聚合，达成共识，形成口碑，塑造品牌形象。

---

❶ 霍尔著，黄丽玲译.意识形态的再发现：媒介研究中被压抑者的重返[M].台北：台北远流出版事业股份有限公司，1994：116–117.

❷ 让·拉特利尔著，吕乃基等译.科学和技术对文化的挑战[M].北京：商务印书馆，1997：124.

社交网络在受众的图像分享过程中，创建了类似于真实世界的拟态环境，使非接触型社交变得更真实，更触手可及。社交网络已进入视觉社交阶段，如 Facebook 通过图片或视频共享，将线下的人际网络还原到网上。用户对个人资料、图片、好友关系等进行组合与管理，形成人际网络，并以此为中心产生个人影响力或找寻趣味相投的人或圈子。头像成了证明个人身份的象征，上传的照片成为进入其他人际圈的通行证。透过图像，网络受众更能身临其境，产生这个场景曾经发生过的感觉，更能产生面对面交流的意象，在讨论与交流中形成共识与舆论，产生影响力。社交网络提供的开放式全平台互动营销模式，使图片和视频发布更大众化与个性化、使舆论传播（即口碑）从过去的垂直式传播向水平式传播发展，它突破了时间、地域和国界的限制，借助人人连接、人人发布、人人评价、集体认同等模式创建共识，成为社交网络的重要标志。

第六节　服装心理学

社会群体的构建对时尚传播有着重要的作用。在齐美尔等人的分析中有一个基本观点，即时尚与社会阶层之间的互动关系。"时尚是阶级分野的产物，并且像其他一些形式特别是荣誉一样，有着即使既定的社会各界和谐共处，又使他们相互分离的双重作用——时尚一方面意味着相同阶层的联合，意味着一个以它为特征的社会圈子的共同性，另一方面，在这样的行为中，不同阶层、群体之间的界限不断被突破。"社会群体的聚集与形成实际上是一个认同感不断清晰、加强的过程。认同感的形成则是一个动态结构，是一个比较的概念。❶

服装作为人的"第二特征"，有明显的社交价值。不同于以文字表达为基础的语言符号，服装主要通过人类的感官，即视觉来完成，形成无声的交流。视

---

❶ 郭珊.都市型男：时尚传播中媒体对"新人群"的建构［J］.新闻大学，2005（2）：88.

觉是外观交际中最重要的知觉，个体通过选择服装的色彩、款式、搭配等外观符号，暗示个体的喜好、品位、社会身份和职业等，使服装形成完整的符号学系统，塑造个体的社会形象，影响着他人对个体的印象。

一、私人情境与社会情境

认同是人们社会性的一面。在面对公众时，服装几乎已经成为了人们社会性的重要表征。每天的生活中，人们都会面对他人，通过这一过程，人们展示着现实与想象中的自我。在不同的情境下，人们根据意象中的自我，通过服装的穿着与搭配，影响他人对自我身份的理解。在社会情境下个人服装的定位成为人们展示自我身份、提供自我标识的过程。关于服装的理解，人们既受文化中约定俗成的社会因素影响，又受个人情感、自我形象感知的影响。因此，个人着装的选择更多是自我的私人情境与社会情境的联合作用体。

我们不妨从奥地利心理分析学家弗洛伊德提出的"本我"（id）、"自我"（ego）和"超我"（superego）理论来分析服装的私人情境与社会情境之间的关系。

1."本我"与私人情境

"本我"是人格结构中最原始的部分，即人类的基本需求，如爱、渴和性等。当"本我"的需求得到满足时，人会产生极大的快乐体验。故而从支配人性的原则而言，支配"本我"的是唯乐原则。

从服装上来说，自我的私人情境体现在外表上的幻想与突破，如果完全抛开人的社会角色，个体幻想中的服装可能很性感，也可能使用不会公开穿着的大胆色调，这是一种本能的对服装的想象。

2."自我"和"超我"与社会情境

"自我"在现实环境中由"本我"分化发展而产生。如果"本我"的各种需求在现实中不能立即获得满足，人们就必须迁就现实的限制，并学习如何在现实中获得需求的满足。从支配人性的原则看，支配"自我"的是现实原则。此外，

"自我"介于"本我"与"超我"之间，对"本我"的冲动与"超我"的管制具有缓冲与调节的功能。

"超我"是自我意识约束成分最高的部分，是由于个体在生活中，接受社会文化道德规范的教养而逐渐形成的。"超我"有两个重要部分：一为自我理想，是要求自己行为符合自己理想的标准；二为良心，是规定自己行为免于犯错的限制。因此，从支配人性的原则看，支配"超我"的是完美原则。

服装选择中的"自我"和"超我"倾向更有可能是因为考虑了社会的评价，是人的社会性表现。通过服装，人们不断构建、修改与重塑自己的形象特征，并通过社会形象构建自己的身份。受年龄、性别、职业和社会地位等因素的影响，人们会对号入座，选择适当的自我展示样式。这样的展示除了表现当前的自我形象定位，还为将来获得影响力作了某些预设与铺垫。或者说，服装的展示不仅仅是为了满足人的自我形象和扮演社会角色，而更多是为了把握各种社会机会。对外表的关注在女性群体中具有普遍性，因此女性对时装的喜爱较为普遍。但男性也并非对时装绝缘。通常，社会情境感强的男性（相对于社会情境感弱的男性）对服装更感兴趣，更可能希望通过服装影响他人的印象。社会情境感强的男性在社交领域往往通过对服装的有效利用提升个人价值，彰显个人身份。

3. 情境观对时尚品牌的影响

"本我"、"自我"和"超我"相互交织，形成一个有机的整体。它们各行其责，分别代表着人格的某一方面："本我"反映人的生物本能，按快乐原则行事，是"原始的人"；"自我"寻求在环境允许的条件下让本能冲动得到满足，是人格的执行者，按现实原则行事，是"现实的人"；"超我"追求完美，代表了社会性的"人"。

将"本我"、"自我"和"超我"与服装选择中的私人情境与社会情境联系起来，会发现在选择服装的时候，人们通常会在两者之中寻找平衡。根据服装的最终穿着场合，人们既可能完全听从情感的支配，也会考虑服装的最终用途而做出判断。一位女士在与朋友约会时，可能穿着得更妩媚、更性感，颜色更鲜艳；

在办公室的职业装却可能淡化自己的女性特征，颜色选择也更偏中性。有的职场女性很聪明地将体现女性特征和体现职业特征的因素加以平衡，如选择绿色、白色、紫色等带有蕾丝装饰的西服套裙作为办公室着装，既区别于男性，又会让同事感到得体。

在出席重要的社交场合时，对服装款式、颜色和品牌的选择，就显得尤为重要。或者说，在社交场合，服装发挥的作用更为明显，它既可以掩盖人不希望为人知的特征，又可以突出希望被公众认可的特质，如男士在商务场合对黑色、灰色和蓝色正装的偏爱。

在时尚传播中，时尚品牌对私人情境与社会情境的偏好决定了其定位、风格和目标消费者等。对二者的倾斜程度，使品牌在风格和传播内容上表现出了很大的差异。

二、从众与个性

从众和追求个性，是人的性格的两个方面，在时尚传播中，两者相辅相成。

1. 从众

从众是"自我"与"超我"等社会情境作用的结果。作为社会群体中的人，每个人都会多多少少有从众的心理，个体希望通过与群体趋同的行为方式、生活方式等，而获得他人的认同。在公众场合，相同的着装确实可以拉近个人与群体的距离，在职场，符合职场规范的着装则能得到更多的认可和信任。

而这些约定俗成的规范是由大众的共识达成的。是否遵从这些共识，成了区分"同类"和"另类"的标志。比如在正式商务社交场合穿着西服，是因为在商业领域大家认同这一着装规范，将其作为表达尊重的、带有正式感的社交符号。

从众的社会效应不仅表现在社交等微观层面，还体现在宏观层面上，比如社会凝聚力的构建。社会凝聚力往往在归化和融合不同个体的过程中而产生具有象征性的意义系统；反之，个体在意义系统中，满足其群体性的不同归属。由个体归化所增强的社会凝聚力保证了社会整体的统一性和稳定性。比如，"新中装"作为中山装的传承创新正逐渐成为潮流。以中山装为核心的服装体系替代西装，作为中国人正式场合的着装选择，起到了服装特有的融合和涵化的作用。当人们通过服装，对中国的传统符号形成更强烈的感知和认同时，民族的凝聚力无形中增强了。

2. 个性

人们并非总是乐于从众，当与其他人过于相似的时候，自身也会产生反叛情绪，如厌倦感、乏味感。从"本我"的角度看，人是叛逆的，更倾向于标新立异、特立独行，有对服装的私人情境的幻想成分。因此流行的大潮之中，人们也会尝试重新塑造自己的独特风格，进行独特的自我表达。同时，个性表现欲强的人会对稀有的东西更渴望。限量版的时尚艺术品或产品成为这部分人自我表达个性的途径。

令人欣慰的是，服装上的标新立异被认为是可接受的对标准的隐性背离，是社会生活中最安全的一种叛逆行为之一。追逐新潮流的过程中，将个性化调整在适度的范围内，在遵从群体的穿着标准与发扬个性之间保持平衡，会给人赏心悦目的舒适感。

思考题：

（1）相对于传统传播学，时尚传播要素的重心发生了哪些变化？

（2）如何从时尚传播学角度解析议程设置理论？

（3）如何理解时尚传播的文化和商业体系？

（4）如何理解时尚传播的意义和物质系统？

（5）如何理解符号的美学功能？

（6）如何理解服装符码与文化的关系？

（7）如何理解意识形态与文化话语权的关系？

（8）拟态环境是如何构建社会共识的？

（9）如何从服装心理学角度理解从众与个性？

第三章 时尚传播的东方文化体系

人类的发展史有多长，时尚史就有多长。中华文明史上下五千年，早在尧舜禹的上古时期，黄帝已"垂衣裳而天下治，盖取诸乾坤"。而"冕服华章曰华，大国曰夏"，大国雄风，历经数千年，华夏服饰为人类文明谱写了华丽篇章。

第一节 时尚的东方起源

近现代工业革命在西方的快速推进以及时尚产业在西方的兴起，使得人们的目光纷纷投向了现代西方时尚。20世纪有的西方学者甚至将时尚的原点定格在17世纪路易十四时期的法国宫廷，时尚在工业化大潮的挟裹下被过度商业化和西方化。

而回看历史，中国人早在两千年前，已经悟出了时尚的精髓，并在国家管理中加以实施和利用。公元前，中国已经具备了完善的服饰体系和时尚标准。服饰不仅代表社会风尚、承载政治功能，还肩负了道德教化的社会职责。比如汉服的服制体系在古代就有昭名分、辨等威、别贵贱的作用，展现了当时的等级文化、亲属文化、政治文化以及儒家的仁义思想。由此看来，中国古人已对服饰有了深刻的思考，对时尚在上层建筑中的作用已经有了极为透彻的理解。这一点体现了东方文明的深刻性和卓越性。

一、中国古代超前的服饰体系

"以衣载道，礼化天下"，成为中国古人最明显的服饰哲学。服饰与礼仪融为一体，成为社会规范的重要环节。

《易经·系辞》云："黄帝尧舜垂衣裳而天下治，盖取诸乾坤。"●中国之所以成为"衣冠上国、礼仪之邦"，是因为我们的祖先赋予了衣冠深远的意义。《尚书正义》载："冕服华章曰华，大国曰夏。"●《春秋左传正义》云："中国有礼仪之大，故称夏；有章服之美，谓之华。"●古人以服饰华彩之美为华，以疆界广阔与文化繁荣、文明道德兴盛为夏。"华夏"之称正是对中国大国雄风的真实写照。

在四千多年前的舜帝（前2277—约前2178年）时期，中国已经开始了与服饰有关的礼制。《尚书·尧典》中记载："岁二月，东巡守……望秩与山川，肆觐东后。协时月、正日，同律、度、量、衡。修五礼、五玉、三帛、二生、一死贽（zhǐ），如五器。"（舜以望川之礼祭祀山川，接受了东方诸侯的觐见……并确立了音律和度、量、衡的定制。舜还修治了五种礼法，确定臣子觐见时所献礼物：五种瑞玉，三种彩帛，两种活物，一种死雉，以及相应的五礼之器。）●

"衣冠"是文明的代名词，同时更是华夏礼仪的一部分。在《尚书》与《礼记》中，通篇感受到中国古人对"以衣载道"、"修身显德"的崇尚。我们不妨从战国时期帛画中感受一下中国古人大气、内敛、谦恭的古韵之美（图3-1）。●

● 南怀瑾.易经系传别讲［M］.北京：东方出版社，2015：329.
● 孔安国著，孔颖达正义.尚书正义［M］.上海：上海古籍出版社，2007.
● 左丘明传，杜预注，孔颖达疏.春秋左传正义［M］.北京：北京大学出版社，2000.
● 顾迁注.尚书［M］.北京：中华书局，2016：18-19.
● 名画欣赏：藏在世界各地的中国古代仕女图.http://www.sohu.com/a/212026635_105772，2017年12月22日.

图 3-1　战国中晚期《人物龙凤帛画》

历经春秋战国与秦汉时期，华夏服装逐渐发展出汉服，宽衣大袖，对推进华夏礼仪的规范化起到了重要作用，汉服也成为中华民族最有代表性的服装体系。

西汉戴圣的著作《礼记》是中国古代时尚礼仪规范的经典著作，里面记载了先秦的各种礼仪和典章制度，并对服制、佩饰和穿着规范作了叙述。《礼记·冠义》载："凡人之所以为人者，礼义也。礼义之始，在于正容体，齐颜色，顺辞令。容体正，颜色齐，辞令顺，而后礼义备，以正君臣，亲父子，和长幼。""冠者，礼之始也。""已冠而志之，成人之道也。"❶这些文字论述了古代冠礼的教化作用。《左传》就有"立德"、"立功"、"立言"为人生三不朽的说法。而服饰礼仪作为修身显德的一部分，被古人作为重要的社会规范。

《礼记》中关于战国时期人们佩玉的习俗有这样的表述："古之君子必佩玉……居则设佩，朝则结佩……凡带必有佩玉……天子佩白玉而玄组绶，公侯佩

---

❶ 王文锦译解.礼记译解[M].北京：中华书局，2016：817.

山玄玉而朱组绶，大夫佩水苍玉而纯组绶……"（天子佩白玉而用天青色丝带系结，诸侯佩山青色的美玉而用朱红色丝带系结，大夫佩水苍色的美玉而用黑色丝带系结。）❶此时服饰体系承载了政治功能，并成为政治统治与道德教化的纽带。在由宫廷发起的礼仪教化之下，佩玉成为从上至下的礼仪规范和风尚，"以玉比德"成为一种社会认同。从图3-2汉代的一套组玉佩的构件和图3-3西汉南越王墓出土的一套完整的组玉佩，我们可以欣赏到先人的高超工艺。

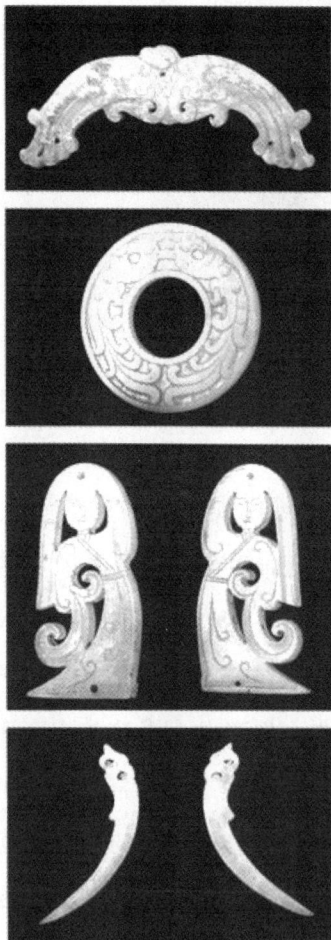

图 3-2 汉代组玉佩构件

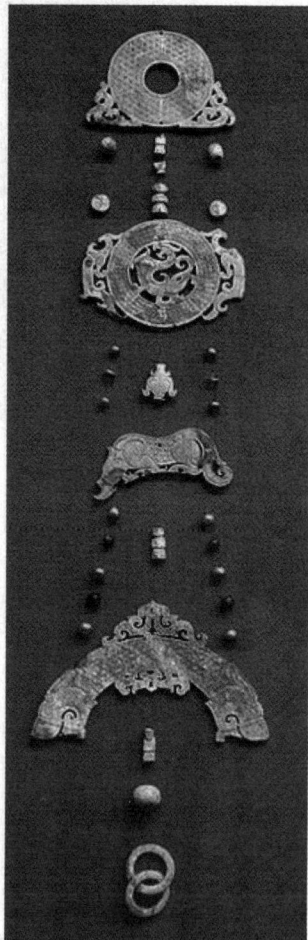

图 3-3 西汉南越王墓组玉佩

❶ 王文锦译解.礼记译解［M］.北京：中华书局，2016：378-379．

汉朝（前 202—220 年）时，汉服以周礼为基础，经过儒家经史体系《尚书》、《周礼》和《礼记》等继承下来并作为吉礼、凶礼、宾礼等礼仪的礼服。比如，冠礼作为男子的成人礼，周朝士大夫年及二十行冠礼，王公年及十五而冠。

从关于时尚的记载来看，中国古人对服饰的多功能应用，表现了中国人极高的智慧和对时尚深刻的理解。同时，也从侧面反映了中国深厚的文化底蕴和富沃的物质基础。

二、中国古代文学中的时尚说

除了《礼记》和《尚书》，中国古代文学作品中还有诸多关于时尚的叙述。

公元前 6 世纪《诗经》中曾有这样的诗句："缟（gǎo）衣綦（qí）巾，聊乐我员……缟衣茹蘆（rú lú），聊可与娱。"（身着白衣绿佩巾的女子，才让我快乐又亲近…… 身着白衣红佩巾的女子，才让我喜欢又欢欣。）❶《诗经》中还有这样的表述："衣锦褧（jiǒng）衣，裳锦褧裳。"（国君夫人德盛而尊，嫁则锦衣外面再加上麻纱单罩衣。）❷ 这两段描述体现了当时女性着装的不同审美。

《汉乐府·陌上桑》是一篇立意严肃、笔调诙谐的著名乐府叙事诗，其中有这样的描述："日出东南隅，照我秦氏楼。秦氏有好女，自名为罗敷。罗敷喜蚕桑，采桑城南隅。青丝为笼系，桂枝为笼钩。头上倭堕髻，耳中明月珠。缃绮为下裙，紫绮为上襦。行者见罗敷，下担捋髭须。少年见罗敷，脱帽著帩头。耕者忘其犁，锄者忘其锄。来归相怒怨，但坐观罗敷。"❸（罗敷平淡中含着典雅、质朴中透着高贵、清丽中显露豪华，雅俗共赏。不同身份的人能从不同的角度看到自己所欣赏的不同的美，无论是年长的老者（行者），还是翩翩的少年，抑或耕

---

❶ 王秀梅译注.诗经·郑风·出其东门[M].北京：中华书局，2015：182.

❷ 王秀梅译注.诗经·郑风·丰[M].北京：中华书局，2015：174-175.

❸ 何权衡.两汉乐府诗欣赏[M].郑州：中州书画社，1983：46-47.

锄的百姓，都为罗敷的美所倾倒，看见了她以至于忘记了一切。）这段描述体现了汉代对女子淡雅清丽之风的普遍性审美。

对于女性的头饰和化妆的风尚，在《后汉书·马援传》中描述："城中好高髻，四方高一尺；城中好广眉，四方且半额。"❶再如，《西京杂记》中云："文君姣好，眉色如望远山。"文中描述的西汉卓文君作为名媛，眉如远山，成为当时女子们纷纷效仿的对象（图3-4）。

图3-4 卓文君像

还有北朝的《木兰诗》中描述："当窗理云鬓，对镜贴花黄。"❷花黄是北朝后宫贵妇少数女人装扮的秘方，从宫中流出，被民间女性纷纷效仿。可见当时的时尚也有明显的从上而下、从小众到大众的流传倾向。

宋朝俞文豹在《吹剑四录》中即提到"时尚"一词："夫道学者，学士大夫所当讲明，岂以时尚为兴废。"这里的时尚并非指服饰，而是指风尚。清代钱泳在《履园丛话·艺能·成衣》中提到："今之成衣者，辄以旧衣定尺寸，以新样

---

❶ 刘建峰.古典诗词中的女性时尚服饰［J］.美术大观，2009（1）：164.
❷ 卢晓周.中国时尚的前世今生［J］.科技智囊，2011（5）：85.

为时尚，不知短长之理。"❶这里的时尚专指时装样式。

还有对某一地区风尚的效仿的描述。例如明清时期姑苏地区的家具和服饰等因精致考究而闻名，因而受到全国文人、富人的崇尚。清朝扬州八怪之一黄慎的《维扬竹枝词》中曾描述道："闲倚镜奁临水面，拟将时样学苏州。"记录了妇女以仿效苏州妇女装束为时尚的情景；清道光、咸丰年间袁学澜的《姑苏竹枝词》："踏翠金莲步细分，罗衣新试麝香薰。春风多事偏相搅，行到人前展绣裙。"潜庵的《苏台竹枝词》："半臂香围巧凿绒，团花簇锦夺天工。金丝细缕千如意，缩本西湖入画同。"诗词细致描绘了华丽的面料、精美的刺绣、新潮的款式，将当时人们模仿苏州服饰的画景记录了下来。❷

第二节　中国传统服饰文化的对外传播

中国服饰文化从公元前已逐渐开始向外传播，其所代表的大国风范、所引发的文化膜拜和所引领的时尚潮流到唐朝几乎达到了顶峰。两千多年的文明史见证了中国服饰的传播与衍生。

一、"丝绸之路"与东服西渐

公元 2 世纪后，世界服饰发展的格局，主要是东服西渐。❸"东服"是以丝绸为物质基础，以中国中原为源头，时间起始于中国汉代。中国的蚕丝，赋予了中国服装的飘逸，以致具有与抒情诗一样的美；而且，由于中国古丝绸优

---

❶ 卢晓周.中国时尚的前世今生［J］.科技智囊，2011（5）：83.

❷ 许星.竹枝词中所描绘的清代苏州地区服饰时尚［J］.装饰，2007（5）：79.

❸ 陈咏梅，张海声.论中国民族服饰对世界时装的影响［J］.现代商贸工业，2010（8）：26-28.

美的色彩与图案，以及精良的工艺，使其通过丝绸之路和海上丝绸之路远播世界各地。

1. 丝绸之路

中国从周朝（前1046—前256年）时已开辟出大西北的草原丝路，打通了中国到印度的通道，延续到先秦、西汉开辟的西北"丝绸之路"，逐渐开始了中国服饰的对外传播（图3-5）。汉武帝刘彻曾先后两次派张骞出使西域，而西域各国也纷纷派使节回访。张骞和副使曾到达身毒（今印度北部）、月氏、大夏（今阿富汗北部）和安息（今伊朗北部）等国。[1]打通了与西域诸国交往的通道后，诸国的使者、商人便为了丝绸这种轻薄华贵的面料纷至沓来，使中国与西方经济和文化交往大大加强。

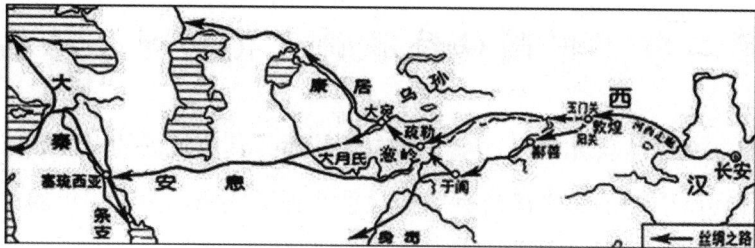

图3-5 汉代"丝绸之路"

2. 海上丝绸之路

汉朝还开启了海上"丝绸之路"。在汉武帝统一岭南设置了合浦（广西境内）等郡后，以环北部湾沿岸的合浦、徐闻两县和位于今越南中部的日南等地为始发港，开辟了远洋贸易的通道（图3-6）。[2]《汉书.地理志》记载："自日南障塞、徐闻、合浦船行可五月，有都元国；又船行可四月，有邑卢没国；又船行可二十余日，有谌离国；步行十八日有夫甘都卢国。自夫甘都卢国船行可二月

---

[1] 袁仄.中国服装史［M］.北京：中国纺织出版社，2005：43.

[2] 廖国一.从北部湾出发的汉代海上丝绸之路研究述略［J］.广西民族研究，2014（5）：99.

余，有黄支国，民俗略与珠厓相类。其州广大，户口多，多异物，自武帝以来皆献见。有译长，属黄门，与应募者俱入海市明珠、璧流璃、奇石异物，赍黄金杂缯而往。所至国皆禀食为耦，蛮夷贾船，转送致之。亦利交易，剽杀人……大珠至围二寸以下。平帝元始中，王莽辅政，欲耀威德，厚遗黄支王，令遣使献生犀牛。自黄支船行可八月，到皮宗；船行可二月，到日南、象林界云。黄支之南，有已程不国，汉之译使自此还矣"。[1]这是史籍中关于汉代合浦郡至东南亚、南亚等地之间存在一条远洋贸易航线的最早记载。[2]中国的时尚产品随着中、西贸易活动逐渐进入西方。

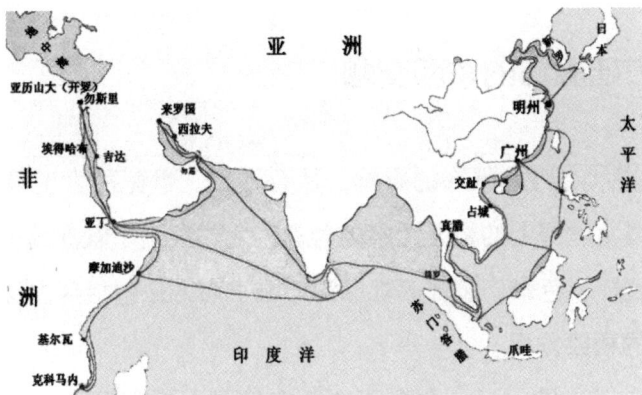

图 3-6　汉代海上"丝绸之路"

3. 古代丝绸的奢侈品地位

丝绸在西方人眼中具有高昂的价值，只有皇室和贵族才能支付得起并拥有这些华美的面料。从事丝绸贸易成了最暴利的行业，当时中国丝绸运往罗马要路经波斯，波斯因为控制中国与罗马间的丝绸贸易而牟取暴利。为了摆脱波斯对于丝绸的控制，东罗马帝国与波斯甚至几次燃起战火。直至公元552年，东罗马帝国的僧侣将蚕茧藏于挂杖中带回本土，西方丝织业才逐渐发展起来。[3]因为布匹的

---

[1] 班固.汉书·地理志[M].郑州：中州古籍出版社，1991：297.

[2] 廖国一.从北部湾出发的汉代海上丝绸之路研究述略[J].广西民族研究，2014（5）：99.

[3] 袁仄.中国服装史[M].北京：中国纺织出版社，2005：46.

稀缺和价格的昂贵，在唐代（618—907年）布匹在贸易交换中起到了与货币一样重要的流通地位，甚至许多布庄充当了钱庄的作用。丝绸更是布匹中的顶级奢侈品。"丝绸之路"成为西方人眼中的黄金之路，成为西方人顶礼膜拜的通往时尚国度大唐的重要通道。

10世纪以后，瓷器也逐渐成为中西商道上的主要贸易品。在今日本西南诸岛、朝鲜、菲律宾、加里曼丹、印度尼西亚、缅甸、印度、斯里兰卡、巴基斯坦、伊朗、伊拉克、阿拉伯、埃及，甚至东非海岸，都发现中国古代的瓷器，成为海上"丝绸之路"的历史见证。❶

二、拜占廷服饰的东西交融

中国设计艺术对西方服饰的影响，从公元二三世纪的古罗马时期就有所显现。中国的丝绸及丝绸上的精美图案随着丝绸之路踏上了欧洲的土地，服饰、瓷器等的形制、纹样、色彩、装饰等都深深影响了西方，包括拜占廷。

1. 拜占庭的桥梁作用

拜占廷本位于西欧，后迁都到西亚，定都君士坦丁堡，连接着黑海和爱琴海，在东西方经济和文化交流中发挥过桥梁作用。拜占廷以君士坦丁堡为轴心，向东西方分别吐纳，这使得其在继承欧洲原有的服饰传统时，有足够的能力和便利的渠道，广泛吸取东方的服饰艺术精华，在消化吸收以后，又自然而然地影响了西欧。拜占廷文化是古罗马文化与东方文化的混合物。这个特点在服饰中有鲜明的体现。

2. 东方服饰对拜占庭的影响

拜占廷时代初期的服饰基本沿用了罗马帝国末期的服饰样式，造型简单，大多使用毛、麻和棉织物。男子与女子皆穿达尔马提卡（一种没有性别区分的服

---

❶ 三上次男.陶磁の道——東西文明の接点をたずねて［M］.东京：岩波书店，1969：25.

饰），构成单纯、朴素，服饰较为宽松，色彩单调，延续了古罗马简单朴素的服饰样式。[1]

中国与拜占廷的交流，不仅使丝绸的供求交易更加便利，而且输送交流了其他的文明，影响了各自历史的发展。由于与东方各国建立外交关系以及各自的经贸往来，这时候的拜占廷服饰已经不再像之前罗马服饰那么简单，这个时期服饰表现的重点转移到衣料的质地、色彩和表面装饰，运用了华丽的中国丝绸、流苏，以及滚边装饰、宝石来装饰服饰，服饰已经不单单是物质载体，而成为"别等威，显贵贱"的工具，可见此时已经吸收和借鉴了中国的服饰观念，以及装饰手法。拜占廷发达的染织业，带来了华美的风气。

对于质地、色彩和表面装饰的侧重展现了东西方服装的结合。在意大利拉韦纳的圣维塔列教堂内壁的马赛克壁画中，公元6世纪，狄奥多拉皇后身着白色长"丘尼克"，外面穿着一件流苏装饰短袖长袍，在长袍外披着紫色斗篷，斗篷上绣有"东方三贤"纹饰，肩上披着用金线刺绣并镶嵌宝石和珍珠的璎珞状肩饰（图3-7）。[2]

图3-7　狄奥多拉皇后与侍从

❶ 王晓娟.浅析中国魏晋南北朝与西方拜占廷服饰的比较[J].大众文艺，2016（3）：143.
❷ 李当岐.西洋服装史[M].北京：高等教育出版社，2005：135.

中世纪意大利丝绸纺织中心卢卡出产的丝绸图案，从色调乃至图案都与中国丝织品非常相似，有明显的中国影响。卢卡生产的掺以金银丝缕的贵重丝织品，不难看出与中国"金锦"的渊源。中世纪时期的很多达官显贵都青睐于具有东方风格的金线刺绣丝绸制品，来自中国和波斯等地的丝织品极大地影响了西方人的时尚观念。卢卡的高档丝织品上面有金线刺绣，图案很多来自东方，比如莲花、龙凤等。可以说当时东方元素，尤其是中国元素对欧洲时尚产生了巨大的影响。拜占廷帝国的服饰在受东方文化影响的同时，也对周边诸国产生影响。历代俄罗斯皇帝的装束也一直保留着当初拜占廷的特色。另外，在希腊正教中，即使今天，举行宗教仪式时，主教们的穿戴依然与过去的拜占廷皇帝差不多。●

拜占廷的服饰文化在当今仍在发挥影响。轻奢品牌杜嘉班纳，其核心设计精髓来自于古罗马和拜占廷。丝绸面料的运用、红色与金色的交织、马赛克壁画印花、华丽的宝石镶嵌、带有仪式感的皇冠，时时隐现着东西方文化的合璧（图3-8）。

图 3-8 杜嘉班纳秀场图

●李当岐.西洋服装史［M］.北京：高等教育出版社，2005：133.

在东西方文化的交流中，中国的丝绸与服饰作为文化交流的工具，加深了文化间的相互理解、借鉴与吸收。服饰作为文化的承载体不但担任了文化交流的媒介，更是文化价值与意义的表达与象征符号，呈现持久的文化生命力。

三、对洛可可风格的影响

清朝（1644—1912年）特殊的历史背景使其服饰与传统汉服表现出了一定的差异，服饰发展走向了中华民族服饰的另一个分支。汉服的特点重在天人合一、自然天成。而清朝康、雍、乾虽积极吸纳汉文化，但为了进一步巩固清朝统治，清朝政府对汉文化实行了一定的压制政策，使传统汉服的延续和发展一度出现了衰退。清朝中后期，宫廷服装繁复奢美的考据之风兴盛，"全"、"杂"、"满"的奢华工巧成为皇家审美的一种惯常眼光。工匠在衣服的边缘、袖口、领口等部位，从三镶三滚到五镶五滚，直至发展到最后的十八镶滚，都被绣上丰富多彩的各式图案，有的服装甚至看不见本身的衣料，这种繁杂精湛的风格是清代宫廷服装所特有的。❶

这一时期装饰纹样繁琐重叠，雕琢精美华丽，这种艺术气息与当时法国路易十六统治下的宫廷的奢靡审美品位正好合拍，于是立即被吸收融汇于法国的艺术中。清代宫廷服饰中的精描细绘，镶金嵌银，喜用嫩绿粉红，以及用尽曲线之美的装饰，自然而然融入法国洛可可艺术中（图3–9）。❷

---

❶ 倪建林.中西设计艺术比较［M］.重庆：重庆大学出版社，2007.

❷ 晏彦.浅谈"中国风"对欧洲洛可可时代的影响［J］.美苑，2008（12）：93.

图 3-9　法国凡尔赛宫的洛可可装饰风格

18 世纪后半叶，在法国曾上演过一股近乎疯狂的"中国热"浪潮。当时，法国在壁毯、服饰、家具、室内装饰、刺绣、染织图案、漆器和瓷器等设计上，大量模仿中国传统工艺美术的风格，并把这种风格称为中国风格。中国传统图案中的龙、凤、狮子等题材，大量出现在法国的印花织物图案中。另外，中国的刺绣品对后来的洛可可艺术产生了更大的影响，洛可可服饰中的大量印花图案也明显地受到中国花鸟画的直接影响。

四、中国服饰的东传

1. 对日韩服饰的影响

中国服饰的东传不同于东服西渐。东服西渐是以丝绸为物质基础，时间起始于中国汉代，主要影响了欧洲，尤其是东欧地区；而中国服饰东传则是以汉服为基础在东亚流传开来的。东传基本上自魏才开始，内容既包括丝绸质料，也包括服饰图纹，同时还包括以汉服为主的服饰制度。中国服饰东传到日本，是中国对亚洲服饰产生影响的重要内容。[1]

汉代、唐朝的服饰对日本、韩国影响最深，从形制到服装的色彩、面料甚至配饰与服饰文化都产生了重要的影响。从四世纪末的中日交往可看出，中国的服饰文化主要在饰品和纺织品两方面影响日本的服饰，四世纪初日本的养蚕、丝织业得到迅速的发展。五世纪的中国南北朝时期，正是日本倭五王统治时期。日本同南朝的交往前后 60 年间通使共达 8 次。[2]日本在"飞鸟时期"（6 世纪至 710 年）的"大化改新"（635 年）之后，打开了全面向中国学习的大门，因为对大唐之国的崇尚，在之后约 300 年间，大量的"遣唐使"和东渡的僧侣、学者、工匠、技术人员，把中国的典章制度、儒道思想、佛教文化、生产技术、建筑、绘画、雕塑、音乐、文学等大量传入日本。日本的和服，本称吴服，就是在引进、吸取唐代汉式服装的基础上形成的，上衣下裳相连、没有衣领、右衽、衣袖宽大、用衣带、不用衣扣，成为上流社会正式场合的礼服。[3]

从汉唐中日文化交流史可以看出，日本对中国服饰的学习是一场由上层统治者发起的自上而下的政治改革。它是伴随着日本对汉唐政治、经济等制度的学习而同时进行的，其意义远远超出了服饰本身。日本通过服饰制度的学习建立和促进了封建化的过程，迅速由奴隶制进入封建制。

除了日本，韩国的韩服、朝鲜的朝鲜服等都是传承了汉服的基本特征。

2. 对东南亚的影响

除日本和朝鲜外，东南亚的越南等国的民族服饰也受到汉服的影响。越南自秦至五代，一直是中国直属郡县，古称交趾，秦始皇始设象郡，汉末改称交洲，唐初始称安南。汉武帝时汉朝就曾与南越和亲，如《汉书·终军传》载："南越

---

[1] 陈咏梅，张海声.论中国民族服饰对世界时装的影响[J].现代商贸工业，2010（8）：26-28.

[2] 崔蕾，张志春.从汉唐中日文化交流史看中国服饰对日本服饰的影响[J].西北纺织工学院学报，2001（4）：29-31.

[3] 孙洁.汉服：漂洋过海异域生花[J].海洋世界，2012：66.

与汉和亲，乃遣军使南越，说其王，欲令入朝，比内诸侯。"[1] 在服饰上，越南服装几乎就是中国汉族王朝宫廷礼服的翻版；在文化上，越南一直把中国当成效法的模式，文化、典籍、服饰、发式都和中国相似。丝绸面料的应用对东南亚的影响更为广泛。泰国的民族服饰筒裙等服装也以丝质面料为贵，通过丝绸的运用使泰国服装展现华贵的色彩。马来西亚、菲律宾和印度尼西亚等地均受到唐朝丝绸面料的影响至今。

五、汉服之殇

汉服对东亚的影响持续了一千多年，在清朝统治之后的两百多年间，虽然日本、朝鲜、越南与中国的文化联系逐渐减少，但是仍然延续了汉服衣冠的体系。一个很尴尬的文化现象是，传统的汉服体系，在中国到了清代几乎停滞，而在日本却深深地扎根并流传至今。

世界上有不少民族没有自己的文字，但几乎没有民族没有自己的民族服装。汉服之殇是一种文化遗憾。汉服是中国上下五千年文明的重要艺术载体，是代表汉唐盛世和大国之风的最核心、最具代表性的服饰体系。如何复兴民族文化精粹，如何使核心民族服饰与不断增强的民族凝聚力和民族自信心相融合，并继续使汉服体系海纳百川、包容并蓄，是每个时尚传播者义不容辞的责任。

第三节　中国服饰对外传播的主要途径

从先秦开始，中国服饰文化通过商贸、战争、人口迁移、文化往来等诸多方式，不断对外传播开来。

---

[1] 班固撰，颜师古注.汉书［M］.北京：中华书局，1962：2821.

一、商贸

不论是陆上"丝绸之路"还是海上"丝绸之路"，都为中国文化的外传提供了商贸渠道。中国从汉代起逐渐成为贸易大国，与其他国家的贸易往来越来越频繁。贸易往来加速了各国间的商品流通，服饰和丝绸作为特殊的艺术化的商品使中国文化不知不觉中融入其他国家。

到宋代，我国海上贸易空前繁荣，最主要的出口物资是丝绸和瓷器。宋代丝绸产品行销很广，据赵汝适《诸蕃志》所载，宋代中国丝绸外销达到 11 个国家或地区，不仅包括中国的周边地区，更远至印度、斯里兰卡。❶

商贸的另一个形式是"关市"。据《资治通鉴》卷一三"汉高后四年"载："有司请禁关市铁器。"胡三省注曰："汉于边关与蛮夷通市，谓之'关市'。"❷"关市"所卖商品包罗万象，涵盖了诸多国家的各类物品，从服饰到首饰，从器皿到家具，可谓应有尽有。"关市"充当了中国与其他国家和地区交流的媒介，对于中国文化的对外传播起到了重要的影响。

二、战争与和亲

战争是强制性的传播。自西汉时期，政府发动的主要战争是针对东北、西北和西南等周边地区。政府的和亲活动不仅包括与匈奴，亦包括与南越、乌孙等国家之间进行的"四夷和亲"。开元五年（717 年），唐朝从契丹手中收复辽西等东北地区。在西北，唐朝收复了西北地区并重新打开通往中亚的道路，声威远播西亚。❸公元八世纪中叶，阿拉伯帝国的国力和疆域都达到了鼎盛，是一个横跨欧、亚、非三大洲的国家，与盛唐的几次战争，阿拉伯人将中国文化传到欧洲和

---

❶ 脱脱等.宋史［M］.北京：中华书局，1977：14053.

❷ 司马光.资治通鉴［M］.北京：中华书局，1956：424.

❸ 李硕.唐代：梦回千年的盛世气象［M］.长春：时代文艺出版社，2011：47.

其他地方。❶

　　虽然战争与和亲是两种与他国相处比较极端的方式，但是从文化交流的角度来看，都推动了中国文化的对外传播。和亲可以免去战争从而发展两国之间的友谊。唐朝贞观十年（641年），文成公主前往吐蕃与吐蕃第三十二世赞普松赞干布成亲。在她的影响下，汉藏两族文化得到了良性的交流与沟通。为了与文成公主有更多的语言，松赞干布脱下了皮裘，换上了绢绮的唐装，学习汉语。❷文成公主在吐蕃生活了近40年，一直备受尊崇。西藏大昭寺现存《文成公主进藏图》，展示了当时的盛况（图3-10）。

图 3-10　文成公主进藏图

　　随着文成公主带去的大量的工艺品制作技术和唐朝文化，吐蕃贵族阶层的服饰开始有了改变。蚕种的引入和丝织技术的传播，吐蕃贵族开始摆脱之前以皮毛为原料的服装，穿上由唐王朝传入的丝织衣物，唐朝服饰文化在当时得到了推

---

❶ 马兆锋.盛世长歌——走向巅峰的隋唐五代［M］.北京：北京工业大学出版社，2014：336.

❷ 马兆锋.盛世长歌——走向巅峰的隋唐五代［M］.北京：北京工业大学出版社，2014：274.

广。不止文成公主，金城公主再嫁吐蕃时，携带了万匹锦帛，吐蕃的纺织水平迅速提高。[1] 弘化公主嫁到吐谷浑、太和公主嫁到回鹘等，唐朝作为历史和亲次数频繁的一个朝代，促进了民族文化的交流。

三、朝贡

朝贡的历史在中国国内很早就存在。禹帝（约前 2277—约前 2178 年）时期，服饰已经作为各州贡赋，在不同地域间交流。《尚书·禹贡》中载："厥贡漆、丝，厥篚（fěi）织文。浮于济、漯，达于河。"（该州的贡物是漆与丝，还有装在圆竹筐里的染有各种美丽图纹的丝织品。进贡物品由船运经济水、漯水，直通黄河。）[2] 该篇里还记载的贡品有柞蚕丝、细丝棉、玉石、金银铜铁、象牙、兽皮、鸟羽、衣帽鞋子等。

从丝绸之路起，华夏服饰被诸多国家所认知。汉代起，其他国家的使者为丝绸等物品来到中国，同时进行朝贡，而汉王朝也会给朝贡国家一些礼品馈赠，这也形成了历代王朝的传统。在这个过程中，汉文化得以向来朝贡的诸国传递。

四、人口流动

秦朝起，为了增强偏远地区的安定、加强国防、促进边疆地区的经济发展，朝廷推行了大规模迁徙民众的措施。尤其是秦始皇统一六国，制定相同的语言、文字、度量衡等规章制度，使得各国文化交流没有语言障碍，更有利于文化互动。[3] 秦汉之后，国土的统一为国内民众的迁徙流动带来了政治上的便利。除了

---

[1] 华梅.服饰与传播［M］.北京：中国时代经济出版社，2010：70.

[2] 顾迁注.尚书［M］.北京：中华书局 2016：60.

[3] 邹维一.汉代周边对中原文化的影响研究［D］.上海：上海师范大学，2014：18-24.

原六国贵族和地方豪强之外，移民的主体逐渐扩大到普通百姓。[1]各地区之间的文化交流及融合不断加速，人口迁移加强了各地区之间的文化交流及融合，促进了各地、各民族服饰和礼仪的交融。

五、僧侣与传教士

僧侣和传教士也是历史上较为常见的传播媒介。据史料记载，唐朝长安就有高丽、日本等三十多个国家的僧侣在国学中学习。[2]16世纪法国宗教改革之后，天主教为增强海外势力，派出大量的传教士到中国在内的许多亚洲国家传教。在中国的法国传教士自十八世纪之后就不断增加，尽管他们的宗教使命完成得并不理想，但对于中西文化的交流却做出了巨大贡献。伴随着法国传教士频繁的活动，在十七、十八世纪掀起了一次中西文化艺术交流的高峰，形成了西方艺术史上著名的"中国热"现象。现代法国学者福利德尔（E.Friedell）在《现代文学史》中对这一盛况作了概括性回顾："在洛可可时代，中国是一个模范国家，不单是艺术方面，就是智慧方面也是如此。在这个世纪初，中国货如图画、花瓶、雕刻、墙纸、漆器、丝绒等东方物品大为流行，盛极一时；小说中宣传中国的情形，以至于使读者们个个憧憬神话式的理想国，里面有幸福安乐、泰然无忧的人民，有学识最高的政治管理者，生活优越，直如华青国一般。"[3]

六、留学生

在各种文化活动中，留学生是最常见的传播渠道。从政治阶级上来看，它也

---

[1] 邹维一.汉代周边对中原文化的影响研究[D].上海：上海师范大学，2014：18-24.
[2] 赵忠.试论唐、日服饰文化多通道及其交流[D].吉林：延边大学，2010.
[3] 严建强.十八世纪中国文化在西欧的传播及其反应[M].北京：中国美术学院出版社，2002.

是自上而下进行影响的。唐朝时期日本前后 13 次派使者到中国学习盛唐文化，并将学习的成果以及尽可能收集到的中国文化典籍、佛教经典、古画、乐器彩帛、香药、工艺品等礼物带回日本，起到了文化的传播作用。❶

思考题：

（1）如何理解中国古代的服饰体系与礼仪的关系？

（2）是否能列举几个中国古代文学中关于时尚的叙述？其中体现了哪些中国传统时尚观？

（3）你是如何看待中国古代服饰文化对时尚领域的贡献的？

（4）如何理解古代"丝绸之路"与东服西渐的关系？

（5）中国古代服饰文化对西方有哪些影响？

（6）中国古代服饰文化对东亚有哪些影响？

（7）如何理解汉服的文化地位？

（8）中国古代服饰文化是通过哪些途径对外传播的？

---

❶ 赵忠.试论唐、日服饰文化多通道及其交流［D］.吉林：延边大学，2010.

第四章　时尚传播的商业体系

美国学者科瑞德（Elizabeth Currid）曾在（《沃霍尔经济：时尚，艺术，音乐如何驱动》）（2008）中提出"文化经济"的概念，认为"对纽约这样的国际化都市，时尚、艺术、音乐等创意产业甚至超越了金融、地产和法律，成为重要的经济推动力，产生了类似于涡旋一样的群体效应"。[1] 这个现象不仅出现在纽约这样的城市，全球所有大都市都表现出类似的倾向性。这也是时尚产业与创意文化产业方兴未艾的原因。时尚传播作为时尚的展示窗口、作为实现商品溢价的重要手段，其媒介利用和传播规律值得研究。

第一节　近现代的时尚产业在西方的兴起

从中世纪起，时尚就是小众、高雅、贵族和品位的代名词，13—17世纪，欧洲即有针对等级的相关律令，规定一些服装和物品专门为某些社会阶层所保留，禁止阶级地位低的人获得这类服饰，即使他们经济上承受得起也不行。中世纪的相关法律都强化了服装作为一种重要社会标识物的地位。[2] 那时，时尚对普通大众来说还是遥不可及的东西。17世纪后半叶，法国路易十四开始推动近现

---

[1] Elizabeth Currid.The Warhol Economy: How Fashion, Art, and Music Drive（New Edition）[M].New York City, Princeton University Press, 2008.

[2] 拉斯·史文德森著，李漫译.时尚的哲学[M].北京：北京大学出版社，2010：33-35.

代意义上的时尚，巴黎的时尚概念基本等同于"高端＋昂贵"。法国路易十四统治时期将时尚和奢侈的风格发挥到极致，利用时尚和品位拉动经济，不仅带动了奢侈品业，还塑造了法国优雅浪漫的国家形象。这一做法受到当时西方世界诸多国家的效仿。从那时起，时尚产业的商业价值开始受到统治者的关注。但由于当时传播媒介的局限，时尚的传播力和影响力还有待提升。

17世纪70年代的法国在路易十四统治时期，服装开始产业化，衣服向时装转型并已初具规模。在17世纪最后30年的巴黎，时装作为产业悄然兴起，巴黎成为时尚中心。不得不承认，在这之前，其他经济发达国家都曾扮演过世界时尚中心，比如中国唐朝（618—907年）的首都长安，16世纪的意大利威尼斯。但是，时尚为何会在17世纪末在巴黎快速衍生并聚焦了规模化的时装业，这与法国路易十四国王对时尚的规模化推动不无关系。当时的巴黎衍生出时尚的商业化和产业化运行模式。

1. 时尚的贸易化

路易十四将奢侈品演变为支撑国家经济的高端贸易品，提升了时尚产品的地位。这位痴迷奢华格调的国王刻意打造与其他欧洲国家差异化的经济模式，以利润丰厚的奢侈品贸易，将艺术与商业相结合，以时尚和品位拉动经济，开启了时尚商业化进程。

2. 时尚向民众的普及

路易十四时期，时尚快速走出宫廷，向大众普及。路易十四为实现中央集权，把大贵族集中在凡尔赛宫，夜以继日地举办各种舞会、宴席和其他庆祝活动，国王还亲自为奢侈品制定了标准。时装成为宫廷社交的基本配置，宫廷规矩迫使贵族们为了华美的着装而花费巨款。在宫廷外，到了17世纪末，购买时装越来越成为一种公众活动。不仅贵妇们频频光顾圣宝莱街区的各种高档时装店，连一些商人的妻子也成为这些商店的常客。而那些为国王打造精美服饰的设计师和工匠们则聚集在香榭丽舍大街旁福宝街的手工作坊，进行着一些商业活动，逐渐将时装、珠宝、手表等的顶级工艺和宫廷新时尚标准传向大众。在这些街区上诞生了许多世界知名奢侈品，如爱马仕、朗万（LANVIN）等。

在中国，从汉代到唐代，甚至到清代都出现过世界顶级时尚物品和制作工艺，但除了唐代因为中国与世界的频繁交流，使唐装在世界范围产生巨大影响力之外，中国作为具有五千年悠久历史的文明古国，其顶级艺术瑰宝所代表的东方时尚在近现代却没有产生与之匹配的影响力。可能有一部分原因是中国历史上漫长的封建主义统治，大多数精美的时尚工艺被禁锢在王公贵族的深宅大院中，失去了向大众普及的通道。而且因为缺乏自上而下主动的大规模商业化运作，这些时尚艺术和工艺也失去了向更大范围普及的动力。有少量的宫廷工艺也曾流传到民间，但无论其数量和质量，都不足以产生巨大的社会影响力。

3. 时尚的文化价值提升

路易十四将时尚文化塑造成国家文化，提升了时尚的文化价值。他强化了时尚的高端定位，以"坚持高端，忘记低端"的概念，将法国打造成时尚中心，其文化时尚风格使巴黎成为 17 世纪西方世界人们模仿和追崇的对象。凡尔赛宫的各种聚会既像是贵族们展示自我品位的名利场，又像是时尚新品的发布会。法国似乎成为高尚生活的代名词。其成功之处还在于，这次时尚风潮是由宫廷，即当时法国的最高统治者发起的，正符合时尚的高端和小众的核心原则，其优雅、有品位的形象不断向其他欧洲国家渗透，成为文化与商业的成功结合。

4. 媒体化时尚传播的开始

时装传媒在 17 世纪 70 年代形成。在 17 世纪 50 年代，男装和女装还基本平衡，但到了 70 年代，传播者意识到女人在购物上已经越来越快地超越男性。[1]当时的时装报道就开始将重点投向女性，在报纸的时装预告中加入插图来描绘新图样，不断诱导女性的购买欲望。还制作时装娃娃，将最新的时装样式穿在玩偶的身上，做成迷你时装秀。当初的时装插画应该被认为是最早的时装视觉广告了。时尚的视觉文化在这一时期形成，开始出现媒体化的时尚传播。

---

[1] 若昂·德让著，杨冀译. 时尚的精髓［M］. 北京：三联书店，2012：17.

到了 19 世纪，大生产和大众消费开始形成规模，大众越来越倾向于符号消费，人们对具有某种固定特征的时尚产品开始产生认同感。同时由于民众的平等意识开始加强，社会的阶级性越来越被弱化，时尚作为贵族和阶级特权的标志性逐渐被新兴资产阶级弱化。这些从社会舆论上为时尚的大范围传播作了预热。在 19 世纪中叶，巴黎设计师沃斯将商标加在自己设计的礼服上，时尚界开始产生品牌的概念。也就是说，时装开始有了符号特征，符号消费或者品牌消费为时尚的信息传播提供了更为快捷简单的介质。

到现代，时尚传播受工业化和传播媒介发展的影响而被大大推动。时尚传播的兴起得益于全球范围内时尚产业和文化创意产业的兴盛，以及诸多发达国家将其作为新的文化亮点和经济增长点的缘故。时尚传播成为文化创意产业的重要脉络，开始引起广泛关注。

第二节　时尚传播的商业属性与品牌

从消费主义的角度看，时尚是一种源于对美或者装扮自己的冲动，在消费过程中表现为商业需求。可以说，时尚传播的商业属性是与生俱来的。狭义的时尚传播的主要传播内容是时尚品的视觉形象，而这种视觉形象的表达更多依托于品牌。品牌是一块容纳着内容、形象、瞬间感受的海绵，品牌塑造形象，形象决定品牌价值。时尚传播不仅影响人们的生活，还影响着人们的判断标准，决定着品牌价值。各项事物的形象不仅有其实际形象，还有其传播形象。决定品牌价值的正是其传播形象。

时尚品牌指时尚领域专门用来区分不同商家产品与服务的标识系统。时尚品牌不是具体的实物形态，而更接近于抽象的符号。它以时尚产品为实物载体，以品牌内涵为精神形式。[1] 也有学者将其定义为：时尚产品企业或时尚设计公司塑

---

[1] 刘晓刚.服装品牌学［M］.上海：东华大学出版社，2011：3.

造的能给企业带来溢价、产生增值的一种无形的品牌资产，它的载体是用以和其他竞争者的品牌相区分的时尚设计款式、名称、术语、标识及其组合一级企业的各种管理和营销行为，这些载体作用于消费者从而形成消费者对此品牌的总体印象。[1]时尚品牌通过各种传播手段，发布、利用与控制信息，持续地与目标受众交流，以优化品牌资产、提升品牌价值。

品牌作为服装产品的标识，在传播中产生价值、积累价值、提升价值。品牌形象构建是传播的核心。通过传播，服装产品能不断提高品牌溢价能力。这里面有三个要点：

（1）信息控制是为了更好地利用传媒的特质。

（2）优化品牌资产就是提升品牌在受众心中的认知度与美誉度，提升受众对品牌的忠诚度。

（3）对资源进行整合，是为了使各种配置更高效、更和谐，达到最优的效果。

没有品牌的无名氏在时尚传播中将不产生价值，其传播的意义也无从谈起。时尚传播的主要目的是吸引新顾客、留住老顾客、塑造时尚产品形象、打造时尚产品的美誉度。品牌是商品生产者与消费者之间的重要纽带。

营销专家马丁·林斯特龙历时5年，在对全球数百名研究者和数千名消费者展开的调查中发现，消费者忠诚甚至沉迷于某一品牌，最大的原因在于情感的触动与归属，而非理性的推理及判断。[2]本杰明·富兰克林曾说过："你告诉我，我会忘记；你给我看，我会记住；你让我参与，我会理解。"[3]这些观点似乎暗示了传播中情感诉求的重要性。不能触动情感的信息，不论其含有多高的信息价值，都很难在大脑中沉淀下来，而是经过大脑的层层过滤之后，成为垃圾信息。时尚传播的商业价值就在于其通过视觉传播唤起了受众情感诉求，提升了消费者

[1] 徐静，赵伟.服装品牌的整体塑造与传播［M］.上海：东华大学出版社，2010：7.
[2] 马丁·林斯特龙著，赵萌萌译.感官品牌［M］.天津：天津教育出版社，2011.
[3] 让·拉特利尔著，吕乃基等译.科学和技术对文化的挑战［M］.北京：商务印书馆，1997：124.

对于品牌的偏好和情感依赖。

第三节 时尚传播中的品牌溢价

产品通过传播提升品牌形象，最终是为了提升品牌核心价值和品牌溢价（premium price）能力，而品牌溢价之所以能产生，与受众的情感体验有关。

一、品牌溢价

品牌溢价即品牌的附加值，是产品高出平均水平的价格。品牌溢价能力是使企业获得更高售价、更高利润率、更好盈利的有力武器。品牌资产中的知名度、品质认可度、品牌联想等指标最终强化了消费者忠诚度并提高了品牌溢价能力，从而使品牌具有更强的盈利能力（图4-1、图4-2）。[1]

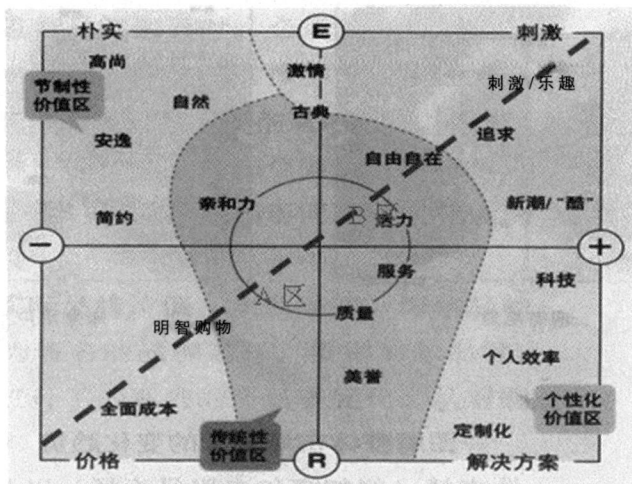

图 4-1 品牌溢价示意图

---

[1] 赵春华.时尚传播［M］.北京：中国纺织出版社，2014：29-30.

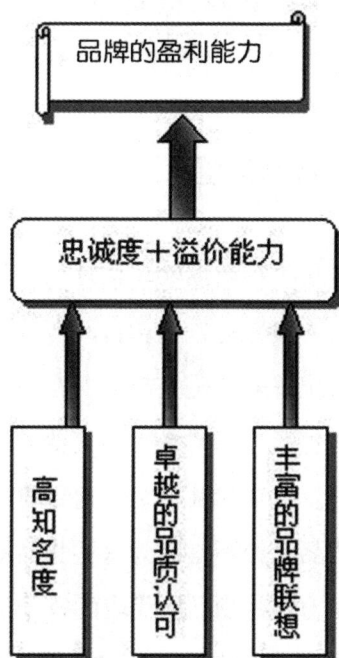

图 4-2 品牌盈利能力

同样的服装，不知名品牌的西服只要几百元，而普拉达（Prada）西服售价在 5000 元以上。又如，一条普通围巾只要十几元人民币，而香奈儿同样质地的围巾却在千元以上。高端时尚品牌表现出较高的溢价能力，其利润空间远超普通品牌。

甚至可以说，品牌决定了产品价值，品牌形象越高端、越优质，其溢价能力越强，利润回报率越高。这也是为什么众多时尚品牌，尤其是奢侈品牌会投入巨资，通过广告、公关、人际传播等各种手段塑造品牌形象。

品牌的溢价能力主要取决于消费者的情感因素。消费者愿意支付高出标准水平的价格购买品牌产品，是因为品牌具有情感价值。品牌创造出许多无形的品牌联想和高于其他品牌的形象，使消费者相信该品牌品质卓越、做工精良，相信其品牌悠久的历史、良好的社会形象能彰显穿着者的社会地位和品位。是消费者情感因素促成了购买行为。

因此，在时尚传播中，唤起受众的情感关注、创造品牌联想、塑造品牌的高端形象，成为传播的重点。

二、功能性价值与情感价值

布希亚认为，人们正在从一种由那些与各种商品相联系的符号和符码所统治的社会转向一种由一些更为一般性的符号和符码所统治的社会，人们正在趋于将一种抽象和模式化的符号系统普遍地确立起来。在商品社会里人们消费的目的不再是满足生存的需要，而是想通过消费来达到其他的目的。"符号价值表达的是式样、风格、声望、权力等。在现代社会中，这种符号价值已经成为商品和消费品的重要组成部分。购置物品已经不是因为这些物品本身具有的内涵（包括使用价值和交换价值），而是因为这些物品所代表的符号价值。"❶

品牌核心价值是品牌资产的主体部分，它是驱动消费者识别、记住、喜欢乃至爱上一个品牌的主要力量。核心价值是品牌的终极追求，是一个品牌营销传播活动的原点，它与品牌识别体系共同构成了一个品牌的独特定位。❷品牌核心价值，是商品的无形资产，是支撑品牌存在与发展的最根本的理念，是该品牌拥有的区别于其他品牌的、不可替代的、最基本最持久的特质。

笔者认为，时尚品牌核心价值主要包含以下要素：

1. 功能性价值

产品有了一个很好的核心竞争点，还需要用品质去支撑它，才会长久地促进产品的销售。品牌的情感价值与自我表达性价值都是以卓越的功能性利益为支撑的。如技术上的领先与垄断、原料的精挑细选，都能成为品牌的功能性价值。

20 世纪美国著名性感影星玛丽莲·梦露在袒露她独特性感魅力的秘密时曾

---

❶ 杨伯溆，李凌凌.资本主义消费文化的演变、媒体的作用和全球化[J].新闻与传播研究, 2001（1）: 38-40.

❷ 周林森，张立.论品牌情感性价值的创造[J].商业研究, 2004（14）: 141.

说道："晚上睡觉我只穿香奈儿 5 号。"道出了香奈儿香水独特的情调。香奈儿香水最神秘的是其原料：临近法国南部的格拉斯的茉莉花。这是世界上最昂贵的茉莉花，只生长在一小片区域。从 5 月初到 10 月底，工人将大朵花瓣的格拉斯茉莉花，嫁接到小朵花瓣的茉莉花上，成了香水独特的秘诀。而且为避免损坏花瓣和香气，花朵只在黄昏时由人工采摘。最好的工人 1 小时可摘 500—700 克花。1 千克即 1 万朵花，350 千克花可生产 1 千克香精，最终提取出 550 克精华，构成香奈儿 5 号的香气。正如香奈儿公司调香师 Jacouespolge 所说："与其他所有香水比较，香奈儿的香料一直是不可取代的。"独特的香料为香奈儿香水特有的高品质和馥郁的香味奠定了坚实的基础。

2. 自我表达性价值

品牌的自我表达性价值是服装符号价值的最直接体现，它可以极大地促成顾客对品牌的情感。高端客户往往比较关注品牌的内涵，即品牌通过包装、广告、宣传和客户体验等所表现的核心主张，以及其在品质和理念等方面的追求。品牌成为消费者表达个人价值观、财富、身份地位与审美品位的一种载体与媒介。当消费者认同品牌的内涵，会对品牌投入更多的情感，继而成为品牌的忠实用户。

某种服装品牌的自我表达性价值高，是因为其所体现的情感性价值高。情感在交换的价值中很重要。激起和满足目标顾客的情感需求，创造品牌独特的情感性价值是品牌推广中的一大诉求。消费者总是主观性情绪化地吸收自己感兴趣的信息并采取相应的行动，在许多情况下，情感先于理智更早促使人们采取行动。

顶级时尚品牌香奈儿创立时，刻意营造的低调奢华和极简风格，成为那一时代最精致也最具影响力的一种精英主义。其品牌创始人香奈儿女士优雅而叛逆的形象成为那个时代新女性的标志（图 4-3）。经过多年的洗礼，香奈儿已成为高品位的经典标志。香奈儿秉承的设计理念：高雅、简洁、精美，被众多高端消费者追捧（图 4-4）。在欧美上流社会女性中甚至流传着一句话："当你不知道该穿什么，就穿香奈儿套装。"

图 4-3　品牌创始人香奈儿女士

图 4-4　香奈儿高级手工坊系列发布会

　　有趣的是，时尚传播所关注的并非商品的功能性价值，而是其自我表达性价值，即服装的符号价值。当品牌在传播中体现了更高的自我表达性价值，其品牌溢价能力就高，品牌的价值也随之提升。

第四节　时尚传播中品牌的内容元素

一、品牌标识

商标是企业在其商品上或者提供的服务上采用的，用于区别商品或服务来源的，由文字、图形、字母、数字、三维标志、颜色组合，或由上述要素组合而成的，具有显著特征的标志。❶

Logo 是企业的徽标或图形标志，可以独立存在也可作为商标的一部分，起到对徽标拥有公司的识别和推广作用，通过形象的 Logo 可以让消费者记住公司主体和品牌文化。❷

品牌的打造是一个长期投资的过程，品牌标识永远是品牌内容的第一要素。著名平面设计师米尔顿·格拉瑟曾说："标志就是通向品牌的入口。"世界知名品牌，无论香奈儿、普拉达、迪奥，还是爱马仕等，其品牌标识本身就具有极高的价值，这些品牌的名称几乎被认为是奢华、高端、品位的代名词。一件看似普通的产品，一旦贴上香奈儿的 Logo，立刻使人联想到其昂贵的价格、高端的品质，从而身价倍增。这样的品牌联想，是这些品牌长达近一个世纪不懈的品牌投资的结果。

二、形象代言人

品牌形象代言人是指代表品牌发言、传播品牌信息的个人、动物或虚拟物，是品牌所有者聘请或塑造的，能让人们通过其形象、个性、品性的联想，对某种

---

❶ 商标.百度百科.http://baike.baidu.com/view/37392.htm.

❷ Logo.百度百科.http://baike.baidu.com/view/457.htm.

品牌产生美好印象的介质。●

　　个人可以是普通人，也可以是明星、名人、专家或专业人士。动物可以是实际存在的，也可以是通过动画、模拟等形式呈现的形象，如米老鼠（Micky Mouse）系列产品中的米老鼠、唐老鸭以及其他动物，史努比（Snoopy）品牌的小狗形象。虚拟物主要是在广告和产品包装上使用的人工塑造的虚拟的艺术人物形象，如白雪公主（Snowwhite）品牌的白雪公主形象，海尔集团的海尔兄弟等。

三、包装、产品与服务

　　品牌产品的传播元素包括：商品包装、产品、品牌服务等。这几类都与具体产品有关，是时尚品牌传播的基石。产品本身不具竞争性或名不副实，无论品牌标识多么精美、无论代言人如何声名显赫，都无法持久性地维持良好的品牌形象。相反，优质的产品才能使传播有的放矢，使其品牌形象保持一致性和持久性。

　　（1）包装。包装是品牌的缩影，它不仅具有保护商品的作用，还起到装饰、点缀的效果。它的色彩、材质、式样的使用也体现了产品的品质、设计水准与品牌个性。它还能展示品牌的外在魅力，引发购买欲望。始于1837年的世界知名钻石银饰品牌蒂芙尼（Tiffany）因为其服务于欧洲皇室与富豪而荣耀，象征贵族的蓝色一直是其主要外包装色调，配有蒂芙尼白色缎带的蓝色包装盒，成为其著名的标志，也成为美国洗练时尚独特风格的代表（图4-5）。

　　● 李克.品牌培育中的品牌形象代言人应用研究[J].廊坊师范学院学报（自然科学版），2008（4）：71.

图 4-5 蒂芙尼蓝色礼盒

（2）产品。品牌产品是时尚品牌传播的基石，任何的宣传包装，都是为了将产品这一核心内容展现于受众，引发消费兴趣、产生购买欲望、激发购物体验，并在购买后保持对该产品的热情，继而推动品牌忠诚度，形成良好口碑等。可以说，产品是整个传播的中心。如果产品的品质不存在，整个品牌的良好形象就无从谈起。

（3）服务。品牌服务依附于产品而存在，是产品品质的一部分。有的厂家把服务放在产品中一起打包出售给消费者。比如时尚旅行箱品牌新秀丽（Samsonite），不仅产品外形漂亮时尚、结实耐用，其"免费保修十年"的服务承诺也打动了不少顾客。这种让顾客放弃后顾之忧的做法，对销售的带动作用不可低估。

四、员工

作为时尚传播元素的员工包括店铺售货员、店铺模特、促销人员、普通职员、设计师、经理以及高层领导人。他们既是传播的内容，也是传播的载体。作为传播元素的员工主要起到对品牌形象的塑造作用。

几乎所有顶级时尚品牌，都非常重视店铺售货员的形象。如LV（路易·威登）每月为每位售货员提供高于普通公司白领的打车费，只是为了让她们能一尘不染、光鲜地到店铺上班，而雇员上班时套装、皮鞋、发束等都是统一LV特制。而且顶级时尚品牌的售货员通常选用外形靓丽、身材出众的年轻或中青年女性，具体的年龄比例，依品牌的销售地域、客户定位不同而有差异。如在中国，时尚品牌的售货员相对年轻漂亮，而在美国，则中青年但气质优雅的女性居多。即使在美国，各专卖店的售货员差异也较为明显。万宝龙（Mont Blanc）手表珠宝是一个较为年轻的时尚品牌，售货员都较为年轻。迪奥强调性感、艳丽、女性化，售货员都较为年轻，样貌体型俱佳。以服务高端主流社会客户为主的香奈儿、宝格丽（Bvlgari）珠宝，销售员则以中青年的优雅女性居多。

在部分时尚品牌的专卖店，还会有部分专用模特，展现品牌的特色设计。迪奥定期雇用模特在旗舰店身着设计夸张艳丽的服装穿梭于顾客之间，模特高挑的身材、服饰夸张的色彩不时提醒顾客，这是一个与众不同、引领设计潮流的时尚品牌。

同样，设计师也是时尚传播的一部分。他们的个人魅力和私生活都会为人们所关注。有些顶级品牌设计师的知名度与号召力不亚于明星。如素有时装界的"凯撒大帝"、"老佛爷"之称的香奈儿设计师卡尔·拉格菲尔德（Karl Lagerfeld）（图4-6），其优雅又前卫的造型，为众多时尚媒体追捧。设计师本身就具有明星光环，传播效力不可低估。

图4-6　香奈儿的设计师卡尔·拉格菲尔德

在时尚领域，企业高层领导人即为品牌代言人的情况也屡见不鲜。众多知名时尚品牌以其创始人的名字命名。无论香奈儿、迪奥、阿玛尼、范思哲、华伦天奴等，在初创阶段，其管理者即为设计师，是企业的灵魂，他们的个人魅力赋予品牌以光芒。这些创始人的传奇故事也成为企业精神资产的一部分。他们的存在使这些品牌蒙上了神秘而美丽的面纱。

第五节　时尚传播的手段

时尚传播是以传播、利用、控制信息为目的，对所有传播手段的一个整合过程。传播也是一种资源，是对服装品牌提升知名度与美誉度、提高品牌溢价能力的有效途径。时尚传播主要包括以下手段：

一、广告

广告作为宣传时尚产品的主要手段，主要指品牌所有者以付费方式，委托广告经营部门通过传播媒介，以策划为主体，以创意为中心，对目标受众所进行的以品牌名称、品牌定位、品牌个性等为主要内容的宣传活动。[1]

广告是视觉的。常见的广告主要有报刊广告、广播广告、电视广告、户外广告、焦点广告、直邮广告、互联网广告、移动广告（包括手机广告、移动电视广告）。除广播广告外，其他类型的广告都与视觉传播有直接的关联。

不同的品牌对传播渠道的倾向性有所不同。如 Nike、Adidas 都将电视作为主要广告投放媒介。无论电视固有时段广告，还是赛事的特定时段广告，这两位时尚运动品牌的老对手都从不吝惜广告费，它们的品牌代言人也都是体育界炙

---

[1] 徐静，赵伟.服装品牌的整体塑造与传播［M］.上海：东华大学出版社，2010：112.

手可热的明星。当然它们的广告总能在一定时间内引领时尚运动装潮流。Calvin Klein 则精于广告投放渠道的选择。它是少有的青睐新媒体的高端品牌，该品牌还开发出特有的 e-mail 广告模式。

广告是最重要的时尚产品传播方式之一。据资料显示，在美国排名前 20 位的品牌，每个品牌平均每年的广告费为 3 亿美元。广告在建立品牌认知、丰富品牌联想等方面发挥着重要作用。❶

广告传播的主要内容包括：

1. 产品的功能性价值

某种产品所具有的其他同类产品所不具备的特有功能。如雅诗兰黛的黄金面霜因其高品质的抗皱美白效果，在中年高端女性客户群中享有极高声誉，该款产品因其卓越的品质，在众多名品，如迪奥、香奈儿、娇兰、倩碧的夹击中，仍占有绝对优势。雅诗兰黛阶段性地推出主打该款产品的广告，以昭示自己的品质。

2. 自我表现性价值

时尚品牌所追求的理念、风格等体现品牌内涵的要素，通过广告而为目标受众知晓。当广告具有亲和力，与受众的心理与情感诉求同步，与其社会地位匹配时，这样的品牌极易被目标受众接纳。通常时尚品牌广告内容最重要的是明确突出品牌核心价值，突出品牌形象，彰显品牌个性。无论是通过令人回味的绝美画面，还是通过情节生动的广告故事打动读者，实现视觉说服是第一要素。

二、事件营销

所谓事件营销，是指企业通过策划、组织和利用具有新闻价值、社会影响以

---

❶ 李明合，王怡，史建.品牌传播创新与经典案例评析［M］.北京：北京大学出版社，2011：37.

及名人效应的人物或事件，吸引媒体、社会团体和消费者的兴趣与关注，以求提高企业或产品的知名度、美誉度，树立良好品牌形象，并最终促成产品或服务热销的手段和方式。由于这种营销方式受众面广、爆发力大，在短时间内能使信息达到最大、最优传播的效果，能为企业节约大量的宣传成本，近年来越来越受到企业的关注。❶

比如时装发布会、各大盛典与派对，甚至部分带有政治色彩的聚会都成了明星、名人的时装竞技场。当中，时装发布会对品牌该季或下季服装的展示效果最明显，它们用视觉冲击说服品牌订购商和时尚编辑们。时装发布会是服装时尚传播的独有形式。服装企业通过发布会推出自己品牌的最新款，发布品牌的设计趋势，将企业的品牌形象、设计风格在第一时间展示在受众面前。

时尚事件营销可以起到国家形象塑造的作用。在国际重大活动中，利用特有的宣传机会，传播和宣扬民族文化是各国政府较为常用的做法。利用全球媒体的聚焦，宣扬民族文化、树立国家形象，真正发挥了事件营销的作用。如在2008年北京奥运会期间曾提出的"以中国概念设计服装"的理念，贺阳、尤珈和杨洁等设计师分别为会议设计的礼仪小姐服装和火炬手服装等在每一个细节体现出"中国元素"。前者以"青花瓷"为主要设计元素（图4-7），❷后者以中国传统图案凤凰和祥云的组合为主题，同时以白色突出中国红（图4-8）。❸

---

❶ 赵春华.时尚传播［M］.北京：中国纺织出版社，2014.

❷ 专访：服装设计师尤珈——青花瓷系列奥运颁奖礼服设计者.中国服装网，2009年2月10日.http：//news.efu.com.cn/newsview-38688-1.html.

❸ 北京奥运会火炬手服装：白色为主突出中国红.腾讯网，2008年1月16日.http：//2008.qq.com/a/20080116/000189.htm.

图 4-7　2008 年奥运会礼仪小姐服装

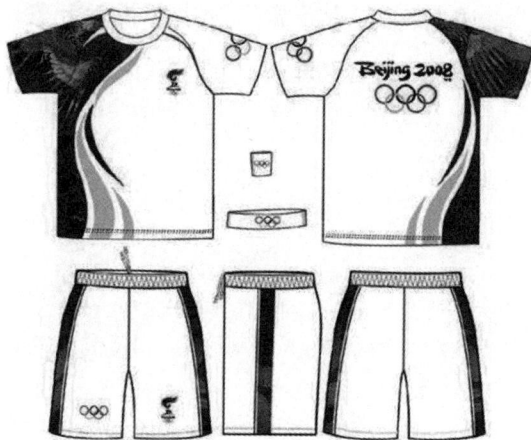

图 4-8　2008 年奥运会火炬手服装

在 2014 年 APEC 亚洲太平洋经济合作组织北京会议期间，各国领导人及配偶穿着华服出现在会议闭幕式上，引起国内外的关注。本次服装以"各美其美、美美与共"为设计主题，提出"新中式服装"的设计主题，展现了中国服饰文化的传承与创新（图4-9）。[1]

图 4-9　2014 年 APEC 闭幕式领导人服装

　　重大活动的服装设计不仅弘扬了中国传统文化，还向全世界展现了中国人的新形象。这些重要的国际多边外交活动，规格高、影响大，为世界所瞩目，是民族服饰与文化最好的、最有力的传播。

　　在时尚领域，各大活动也是顶级品牌打造、提升品牌知名度的竞技场。明星们的每一次亮相，都会带动时尚热点。中国每年 CCTV 春节晚会、时尚传媒集团的时尚芭莎慈善晚宴（图4-10），[2]美国每年的奥斯卡颁奖典礼和 MET GALA 纽约大都会博物馆慈善晚宴，明星们的服装都会引起不少热议。

---

　　[1] 独家解密 APEC 新中装　睡衣也是定制款.腾讯网时尚频道，2014 年 11 月 10 日.http://fashion.qq.com/a/20141110/054504.htm.

　　[2] 2017 芭莎明星慈善夜节目现场.时尚芭莎官网，2017 年 9 月 10 日.http://pic.bazaar.com.cn/2017/0910/248130.shtml#pid=0.

图 4-10　2017 年时尚芭莎慈善晚宴

因为明星效应，活动之后，各大网站、各大杂志对明星们着装的点评，牵动了很多普通百姓的神经。一次成功的公关活动能使明星们穿着的一件礼服曝光率无限放大，看似无意，却在短时间成就一个品牌。所以这样的活动，各大品牌争抢明星穿着自己新款服装的情况就司空见惯了。这样的活动，中国自主时尚品牌可以多利用，并注意加强活动的后续报道，以不断夯实中国品牌的形象。

三、公关

公关即公共关系，包括媒体关系、政府关系、社会关系、投资者关系等众多因素。公关传播也是重要的时尚传播手段之一。它可以借助一定途径（如媒体、组织）产生超越广告的可信度，塑造品牌形象，增加品牌的知名度和美誉度。

如果说广告是以企业为主的，公关则是由他人主导的。而且相对于广告，公关拥有更高的可信度。公关是一种信息传播活动，可以通过社会活动，如社会性、公益性和赞助性的活动或公众性事件，塑造企业形象或提高声誉度；也可以通过宣传，如展览展示会、新闻发布会、危机事件处理等，营造有利于自身发展的舆论环境；在新闻报道或娱乐节目中看似无意的提及或画面展示，品牌就成功地达到了宣传效果。

在新媒体全面进入人们的生活之后，公关的概念也在发生一些变化。在传统媒体环境下，公关侧重于与电视、报刊等的关系，比如品牌名声的打造和危机公关。而在新媒体环境下，尤其是社交网络中，企业的公关部门开始关注在微博、微信等公共空间与粉丝的关系营造与维护。媒体环境的改变对传统的传播手段也产生了影响。

四、人际传播

人际传播是人与人直接的信息沟通和情感交流活动，具有明显的社会性特征。在数字技术飞速发展的今天，人际传播的形式越来越多样化，品牌的人际传播也呈现多样化趋势。

人际传播具有以下特点：

（1）互动性强。每个人都是信息的发布者，同时又是信息的接收者。

（2）表达形式多样。信息传播的表达符号多，语言、表情、视频都可以作为传播工具。

（3）信息反馈快，数据易于收集与分析。

（4）传递和接收信息的渠道多，方法灵活。

用于时尚传播的人际传播主要表现在两方面：一是企业员工与外部品牌受众的直接活动沟通，二是品牌受众之间关于品牌的交流沟通。[1]

企业与受众之间的沟通除了产生于咨询、示范、客服等日常销售服务中，还产生于借助媒体进行的沟通，如通过网络所进行的与用户的互动。品牌受众之

---

[1] 李明合，王怡，史建.品牌传播创新与经典案例评析[M].北京：北京大学出版社，2011：45.

间的交流沟通除了口口相传等现实中的人际传播外，还包括通过网络进行的虚拟空间的人际互动与传播。而网络人际传播相对于传统的口口相传，具有传播速度快、传播面广、易反馈、易统计等特点。

热点的网络人际传播，还可能形成爆发式或病毒式传播。这对品牌来说，是"水能载舟，亦能覆舟"。无论对微信、微博还是网络直播，品牌都可以加以引导，形成对自己有利的舆论环境。

第六节　工业化与流行文化的影响

大工业的发展不但提升了时尚产品产生的速度，而且推动了时尚产品所波及的范围，时尚逐渐向大众靠拢。

一、时尚逐渐向大众倾斜的趋势

所谓时尚，是时与尚的表现，即时代与崇尚的结合休。在过去，时尚相对而言是比较小众、前卫的。人们往往通过时尚的穿着或生活方式表现出其特有的地位、身份和品位，其本质是为了表现差异化和高端化，以区别于普通大众。时尚与皇室结缘以体现其特有的、小众的高贵身份。时尚成为奢侈生活的代名词，往往由部分小众所主导和发起，后被大众所崇尚和效仿而产生流行。

但时尚的内容会因时代和环境的改变而改变。工业化的发展，逐渐揭开了时尚神秘的面纱。时装走出过去小众的高级定制作坊，伴随着工业自动化的热潮，以成衣化的形势越来越走近大众。当今城市白领阶层成为社会的主流和中坚力量，随着这个阶层的数量不断增加，其对社会意识形态的影响与日俱增，这部分人的行为又会形成新的时尚潮流，大众流行文化对时尚的反作用力加强。

可以理解，在过去媒体相对不发达的时代，时尚为稀缺资源，带有神秘的色彩，与普通大众保持着距离。但媒体变革时代的到来，各种时尚的视觉元素不断贴近大众，时尚变得不再陌生，反而触手可及。因此，时尚很难一味保持其高端、小众的神秘形象，而在一定范围内表现出些许平民化倾向。当大众自己定义的流行元素形成潮流，并逆向影响时尚，时尚主导者开始接纳更多的大众元素。

而且，时尚与娱乐的关系越来越密切。如今，时尚领域最高端、最概念化的产品往往先通过娱乐圈展示在公众面前，然后由于娱乐明星的名人效应，逐渐为媒体、大众所关注，最终形成风潮。娱乐圈似乎又对时尚产品有无尽的吸纳力，为时尚的发展提供了更丰富的内容。

二、流行文化对时尚的影响

随着新媒体的加入，电视、网络、手机使传播全面覆盖了人们的生活，人类进入了全媒体时代。传媒渠道的变革在一定程度上改变了时尚传播的路径，从而重新定义了时尚。

如今电视和互联网几乎占据了人们生活与工作的方方面面，时尚元素无处不在。甚至地铁、电梯间这些原来的传媒盲区也被移动传媒占据，不停歇地传送着各种各样的时尚信息，从旅游到饮食起居。大众休闲时随意的网页浏览，一则化妆品的广告也会不失时机地跳出来；路边惬意的漫步，散发着时尚气息的巨星代言广告也会不经意地映入眼帘。互联网使时尚传播从过去的由上至下，变成自媒体发布，网络社区成为舆论中心，引领时尚从产生到传播与评价的过程。电视有时是时尚的第一发布中心，有时又扮演网络流行趋势的推手，当捕捉到网络的流行元素后，又复制或重新包装推送给受众，使流行元素获得了一定的权威认可的意味。就这样，电视与网络在你中有我、我中有你的互动中，流行与时尚重合在了一起，并被爆炸式地放大与传播。

时尚传播的大范围普及，使过去略带神秘和小众意味的"时尚"一词逐渐糅合了明显的平民化的大众流行元素。时尚与流行的界限变得越发模糊而难以区分。在过去，时尚体现的是小众的趣味，与高雅、奢侈品、上流社会紧密相连。而如今传媒渠道变革所引领的全民时尚的到来以及流行文化的普及，不断冲击着时尚的传统领域。青年文化的冲击，消费主义对文化的影响，使时尚在一定范围内呈现草根化、年轻化和网络化的倾向，过去时尚由小众推向大众，而如今也会出现大众引领某一潮流并逐渐为主流社会所认同，下里巴人和阳春白雪在时尚里会合。

大众的流行元素对时尚领域造成的冲击，使各时尚品牌无法再漠视平民潮流的存在，进而表现出一定的草根化倾向。因为每个品牌都有其长久以来形成的品牌核心理念和固定的忠实用户，因此这种平民化倾向是否具有一定的阶段性意味，还有待观察。但目前部分时尚品牌在主流市场外，对大众市场的试探性举措，却足以对时尚领域产生深远的影响。

平民化的时尚潮流背后蕴含着重要意义，如巨大的市场、大众意见领袖的舆论影响、多媒体时代时尚发布的多元化，都引起了时尚领域的思考。平民风在时尚界的影响远不止于娱乐圈，在北京、巴黎、纽约和伦敦的时装发布以及其他时尚领域，这股"逆袭"风愈演愈烈。大众与小众的汇合，流行与时尚不断重叠，不断展现着视觉时代全民时尚的潮流。

另外，"快时尚"品牌在这个潮流下不断发展开来。H & M、Zara、GAP 与 Topshop 等对流行趋势的快速反应，对大众心理的准确把握，使它们受到全球时尚青年的喜爱，对传统的高端时尚品牌造成了巨大冲击。

思考题：

（1）时尚产业是如何在西方兴起的？

（2）如何理解时尚传播的商业属性？

（3）时尚传播是如何实现品牌溢价（盈利）的？

（4）时尚传播是如何实现时尚品牌的自我表达性价值的？

（5）时尚传播的手段有哪些？

（6）流行文化对时尚有哪些影响？

第五章　视觉化传播

视觉文化对时尚起到了推波助澜的作用。随着电视与新媒体的普及，人类的信息获取出现了视觉化倾向。以电视、网络视频等为主的视觉符号从影视媒介扩散到生活的方方面面，不断影响着人们对世界的认识，在呈现世界图景的过程中定义着世界。

第一节　视觉传播概貌

视觉形象是时尚传播的重要内容，时尚传播与视觉密不可分。

一、视觉信息

美国加州大学洛杉矶分校的著名心理学者艾伯特·麦拉宾（Albert Mehrabian）的研究成果表明在人们的语言交流中，7% 的信息来自于对方的语言，38% 的信息来自于对方的谈话方式（语气、语调等），另外 55% 的信息来自于表情。也就是说，在人际传播过程中，55% 的信息是通过视觉获得的。从更广义的大众传播角度看，也有科研成果表明，在人类所有的感知信息中，视觉信息占 83% 以上。❶ 视觉是人类获取信息、感知世界的重要途径。人是社会中的个体，在社会这个大环境中的信息交流丰富而繁杂。通过视觉，人类捕捉到大量的信息。

视觉符号似乎是一种再现媒介，一种图解性质的符号，视觉表征承载的意义，较之文字语言是一个非常简单的意义提取过程。视觉信息包括：图形、图像、文字、色彩、图表、符号、表情、体态等。可视信号是最直观的信息。通常，处理视觉信息的速度要比处理文字和声音信息快很多；同时视觉信息更形象生动、更容易被记住。因此，"看"成为人们更有倾向性的感知行为。人们不仅乐于捕捉视觉信息，也更容易对视觉信息形成深刻记忆。

大概因为视觉信息的种种特性，随着技术的进步，我们今天的社会逐渐衍进到了视觉时代。从纸制印刷时代报纸杂志的图片，到作为主流媒体的电视图像，到技术进步推动的电脑、手机等新媒体的视频，无不将信息以视觉的传递方式高密度地推送给受众。受众以开放、追随甚至迎合的姿态，接受每次视觉信息传播模式的更新变革。也因此更依赖、更受制于视觉信息。

可是，视觉作为感知的一部分，并不仅仅停留在"看"这样一个肤浅的层面上。如何完成由"眼"到"心"，实现大脑对所看到的事物的理解、认知与记忆，是一个很深入的课题。阿尔多斯·赫胥黎在 1942 年撰写的《观看的艺术》（The Art of Seeing）中谈到"观看"时提出过这样一个公式：感觉＋选择＋理解＝观看。❷视觉活动并非简单地接收信息与选择信息。从更高的认知层面上理解，它更像对视觉信息的分析、加工过程，最终形成认识与记忆。

赫胥黎的发现为时尚的视觉传播研究打开了一扇大门，如何解析、理解视觉信息，甚至在此层面上，如何实现视觉信息的有效传播，对传播者具有重要意义。

---

❶ 任悦.视觉传播概论［M］.北京：中国人民大学出版社，2008：4.

❷ 保罗·莱斯特.视觉传播：形象载动信息［M］.北京：新华出版社，2004：3.

二、视觉传播的概念

视觉传播的主要载体是图像，包括静态的图片和动态的视频，其与图像不可分割。W.J.T·米歇尔曾对"图像"作了定义："图像是形象得以出现的具体的、再现的客体。"❶《现代汉语词典》里对"图像"的解释为：画成、摄制或者印刷的形象。❷

视觉是以视觉认知语言来沟通传播者与受众的活动方式。它是借助视觉图像来传达信息的设计，以图形、文字与色彩等为视觉认知语言的基础元素来进行艺术表现的。❸

视觉信息对图像进行再现与再构，而图像记录、保存与传播视觉信息，两者相辅相成。图像信息的传播也将成为本文关注的内容。

从传播学角度来说，图形和图像是最直观的交流符号，视觉语言是有效传递信息并吸引受众的重要因素。视觉传播是一门应用性很强、新兴的前沿学科，它主要研究信息视觉化的问题，其中既涉及到科学的视觉认知原理，也涉及到对受众群体的理性分析和对媒介技术的了解，同时研究视觉表现的艺术规律。视觉传播学作为传播学的一个分支，本身具有鲜明的传播学术属性，同时也兼具视觉艺术学的学科特征，实际上它是对视觉信息的接受与发布系统及其表现和运行规律的科学研究，是一门典型的交叉学科。❹

视觉艺术是一个视觉艺术再造的过程，可以从视觉形态再造的必要性、合理性和功能性等人类行为与社会性方面、从视觉形态的审美、要素、视觉规律（包括错觉形象）、对心理的影响、视觉形态的内容与形式、再现与表现、抽象与具

---

❶ W.J.T. 米歇尔 . 图像理论［M］. 北京：北京大学出版社，2006：4.

❷ 中国社会科学院语言研究所词典编辑室 . 现代汉语词典［M］. 北京：商务印书馆，2005：1378-1379.

❸ 郜明 . 广告学原理与视觉传播［M］. 上海：文汇出版社，2008：8.

❹ 张浩达 . 视觉传播：信息、认知、解读［M］. 北京：北京大学出版社，2012：3-4.

象等几方面进行研究。

从传播学角度，视觉传播包含在信息传播的范畴之内。可以从信息传播的代码与解码、技术与硬件、传播媒介与市场、传播模式、内容、受众与效果等多个方面研究。

三、时尚传播与视觉不可分割

视觉形象对于时尚传播来说，就像电影中的男主角与女主角，文字则更像配角。时尚传播从诞生之日起，就不同于其他传媒分支，而在很大程度上依托视觉传播。

可以说，时尚传播的起点是审美，最终目的是形成消费。它关注的不仅是影响力，而且是最终产生的商业价值。通常，时尚传播通过不断地视觉引导、创造情境，"催眠"与说服观众，影响其消费喜好，推动其形成最终消费。这个链条中最不可或缺的内容是视觉形象。

21世纪是视觉时代。今天，社会传播形态已经从口语传播跨入了视觉传播，视觉已成为信息社会最重要的传达方式。时尚传播以视觉信息为载体，全方位渗透到人们的生活中。以电视和网络为载体，信息传播达到了空前的速度与频度。高科技的飞速发展，把人类带到视觉时代。过去以"语言"为中心的艺术，转向以"图像"为中心的艺术。图像崇拜，已成为新一代的生活方式。全新的"视觉文化"形态逐渐取代传统的"印刷文化"形态。尤其以3D或4D数字技术为基础，将图像三维化，重构、再造现实世界，甚至在影视中创造虚拟、仿真的现实世界，以"图像"为中心的动态观赏，完成了"图像—景观—动态—震惊"的审美过程。

在流行文化领域，视觉传播在媒介传播中处于明显的主宰地位。电视、杂志中的时尚信息以大量的图像出现，或美轮美奂，或光怪陆离，或传统优雅，或颠覆叛逆，不断刺激人们的视觉神经。因图像具有直观性、易读性，因此更成为跨国界、跨文化的最便捷的沟通内容。这些特性也加速了图像在媒介中的传播，巩固了其特有的主宰地位。时至今日，人们很难想象，如果没有图像，时尚杂志、明星新闻如何吸引受众的眼球。

时尚以视觉形象为存在的基础，生来就与视觉有着不解之缘。从时尚的角度说，视觉传播的真正意义在于创造、激发受众美的想象力、感知力和认同感。从人们对美有感知力的那一天开始，人们就已经开始有了最初的视觉审美，时尚随之产生。时尚是流行、风尚、式样；是人们看在眼、感受在心的东西。时尚的动力源于视觉。人们对时尚产品的喜欢源于其色彩、线条、形状和视觉吸引力等因素。

今天的世界因为电视与互联网的影响，正发生着翻天覆地的变化。科技进步使视觉传播渠道立体性拓展。电视、互联网等便捷的动态信息传播渠道的普及，使视觉传播从内容到渠道实现了质的突破。图像铺天盖地地通过各种媒介渠道出现在人们生活的每个角落。电视通过观众对图像象征意义的解读，唤起了他们的想象力。电视提供的私人化交流环境，展示了一个"真实"、轻松的世界，并激起美的感受；新媒体的交互性交流，把美的生产者和消费者更紧密地联系在一起，使其共同参与美感体验。电视和新媒体的这些特质，为视觉传播提供了更广阔的空间，定义了视觉时代的特质。视觉信息获得的便捷，使人们的生活内容大大丰富。视觉信息带来的愉悦感，使人们获取信息的习惯大大改变。过去以"读"为主的信息获取方式，正向以"看"为主的方式倾斜。人们越来越依赖视觉信息。视觉时代赋予了时尚传播以新的生命、新的内容和新的挑战。在这样的时代背景下，研究时尚传播，就不能忽略视觉对它的影响。

第二节　视觉表意与视觉引导

杂志、电视、视频是最直观的视觉媒介，图像在信息的传递中占有主导地位。在这个传递过程中，信息并非简单地堆砌，而是被艺术地组合与加工。

一、视觉表意

视觉形象是视觉传播内容。它不同于文字，是将直观的视觉形象作为自己的表意基础，用来构成含义。它通过形象间的关系创造语意。这样，形象的表意功能、形象间的结构功能对影像意义的产生就显得十分重要。●

每一种视觉式样，无论是时装的样式还是时尚品牌的商标，都可以被看成是一种陈述，通过和谐、平衡、变化、统一的色彩和形状的搭配与架构，通过有组织的样式来传达意义。

视觉信息具有再现功能，可以通过图像将现实进行再现，并将现实景象本身存在的潜在意义通过重构或再现表达出来。但它并非单纯地再现现实事物，而是使这个事物在特定语境中通过各种不同的表现形式来表达意义。现实的印象主要来自心理学的作用。受众在看一幅画时，看到的不是一种"在那里"的现象，而是一种"曾经在那里"的现象。● 这种现实的印象是通过图像的模拟功能来实现的。

如果抛开图像的物理属性，去注意它的内容意义，可以说，画面是组织影像中众多物体的指意工具，因此，它是"有内容的图像"。从表意的角度看，图像是有组织的意义实体，是一个语意单元。

图像"画面"是空间的概念，它通过画框中物象之间的关系，以及物象的组织构成来表达意义。首先，图像与其他视觉艺术的空间表现形式不同，戏剧的空间，虽受限制，但它没有改变原有空间的容量和物质性。建筑和雕塑艺术，它们本身是以物质空间为依托而存在的，而图像摆脱了空间的物质性，具有了创造和组织的美学意义。它可以再现现实空间，也可以重构新的空间形式。图像

● 钟大年，雷建军.纪录片：影像意义系统［M］.北京：北京师范大学出版社，2006：207.
● 钟大年，雷建军.纪录片：影像意义系统［M］.北京：北京师范大学出版社，2006：13.

画面通过对视觉信息的选择、取舍、突出、重组等构成创造性的空间形态，利用人们的心理机制使空间扩展、延伸，把受众带到一个特殊的世界中去，而图像语言的基本语意也就由此产生。图像虽不是现实本身，但却最大限度地消除了画面与现实的隔阂，让受众身临其境。画面中物体的结构搭配，色调的选择，前景、背景、主体、陪体之间位置的协调，以及线条的走向，影调的明暗，虚实对比等构图因素的控制，都能使众多物象之间产生某种关系，整合成有秩序的指意场。❶

画面中的主体通常处于视觉的中心位置，是内容的重点，其在表意时既可以直接指意，也可以含蓄指意。含蓄指意更多是通过触发人的联想而产生内容意义，以受众的经验、教育、地位等为影响因素，使具象形态产生抽象的表意作用。与主体形象搭配的陪体、前景、背景等多种形象，通过光线、物体、构图等进行组合而完成画面的描述和语意的表达。

同时画面还可以渲染气氛、唤起情绪，凸显表达者的特质和风格。这一点在时尚传播中尤为重要。时尚传播中的视觉画面不仅是机械地再现现实，而且是通过虚构的或真实还原的现实环境，表达传播者的意图，描述时尚品牌的特征，表现其与众不同的特质，凸显时尚品牌的内涵，直达目标受众的内心，启发他们的情感诉求。

二、视觉意象

时尚品牌的视觉形象是如何被受众识别并认知的？当一位消费者在商场看到一幅大型的香水代言人广告时，首先映入眼帘的模特面孔使他与先前脑中所储存的视觉意象作比较，然后确认这位模特。广告作为一个"画框"，将模特与该品牌名称和产品图形圈在一起，使该产品与这位模特产生了联系，又在消费者脑中

---

❶ 钟大年，雷建军.纪录片：影像意义系统［M］.北京：北京师范大学出版社，2006：17—23.

形成新的视觉意象，当下次再看到产品或该模特形象时，视觉意象会帮助消费者建立形象的连接，使产品与模特间产生互映。

约翰·洛克曾对"意念"下过定义："所谓意念，乃是人们思考时所理解的东西。它相当于大脑思维时使用的幻象、观念、形势以及诸如此类的其他东西。"❶罗伯特·霍尔特（Robert H. Holt）认为意象是对感觉或知觉的一种模糊不清的再现。❷阿恩海姆认为：意象不是对可见物的完整和逼真的复制，它是由记忆机制提供的，完全可以把事物从他们所处的环境中抽取出来。❸

意象是以大脑的记忆为基础，经过想象或幻觉活动而产生的带有创造性成分的心理视觉形象。意象不是机械的记忆重复，而是大脑思维通过环境和事物联系所做出的对视觉事物的具体判断或抽象性概括，其中还包含审美的成分。

意象可以进行具体的事物再现，有时也需要必要的抽象。视觉作品的画面总是捕捉所描绘事物或事件的某些有关性质（形状、色彩、运动等），加以突出或解释。

但视觉画面要比它再现的实际事物抽象，而这种抽象自身又可分成不同的层次或等级。画面的事物往往经过设计者的选择和组织，使它的题材更加形式化，从而集中体现出被再现物体的本质。❹抽象是画面设计重要的揭示所画事物的一种手段。简单的线条和色彩滋生强烈的视觉力。观看者通过联想或由想象形成视觉意象。意象通过选择、创造和组织，以种种抽象的意象完成。完全写实的画面如同机械复制的意象，有可能因为掩盖和歪曲结构特征，而使认识变得困难。当画面向人们提供的仅是一种无形式的物质，就等于失去了意义的感性体现者。只有设计者以一种逼真的形象，通过提取、突出、重构的方式启发人们的联想或想

❶ 鲁道夫·阿恩海姆著，腾守尧译.视觉思维［M］.成都：四川人民出版社，1998：128.
❷ 霍尔特.意象，被放逐者的归来［J］.［美］心理学杂志，1964（19）：254-264.
❸ 鲁道夫·阿恩海姆著，腾守尧译.视觉思维［M］.成都：四川人民出版社，1998：136.
❹ 鲁道夫·阿恩海姆著，腾守尧译.视觉思维［M］.成都：四川人民出版社，1998：179.

象时，视觉作品才有了生命力，才是一幅"活的"作品。

因此视觉传播中的画面不是对现实事物的简单再现，而是在一定主题下，添加了设计者的构思、创造和组织的带有一定抽象性的视觉信息重构。

三、视觉引导

视觉引导是图像与受众最初的直觉的交流，较为表面化，而更深入的交流则来自于视觉引导，通过图像与受众心灵沟通，形成共鸣，唤醒受众的情感体验。这个过程更像是人类面对面的交流，通过第一面的视觉冲击后，是否能从内心接受并喜欢一个品牌，则要通过视觉引导。这样图像与受众的交流就从图像的"独白"上升为"对话"。这是一个更深刻的情感体验。视觉形象的表征是形状与色彩，但其内涵是设计者内心的情感，有能唤起受众类似情感的能力。这样的图像具有生命、富有活力。

另外，格式塔学派的心理学定律也为视觉引导提供了一些依据。如受众的视线移动习惯于从上到下、从左到右，因此，在画面中，上部的比下部的、左面的比右面的位置更容易被受众关注。又如画面人物的目光、手指的方向、具有视觉感的线条，都可以引导受众的视线。利用受众的视觉选择和视线移动规律设计画面，对提高图像的使用效率、增强传播效果，具有重要作用。

受众对外部刺激的组成要素进行组织、处理后，依照个人的思维，赋予其意义，进而勾画出一个整体形象。即使是接触到相同的刺激，不同受众对品牌形成的了解也不尽相同。因此，传播者应准确理解受众如何感知品牌内容，有效加以引导。

格式塔学派主要从形式和形状的角度研究大脑的认知，提出"人类对于任何视觉图像的认知，都是一种经过直觉系统组织后的形态和轮廓，而并非是所有各自独立部分的集合。"❶ 认为视知觉可以采取主动积极的动作，补足未完成的图样，或在杂乱的环境中找到想要的图样。格式塔心理学派创始人麦克斯·威尔特（Max Wertheimer）提出："眼睛只收集所有的视觉刺激，大脑负责把这些感觉整理成连续的图像。"❷ 其七大法则被用于诸多视觉研究中，是时尚产品视觉表现分析的重要理论。

（1）优良性法则（law of pragnanz）：人们倾向于选择更有规则、有秩序、简洁、对称的认知形状。

（2）完整性法则（law of closure）：假设图形有缺损，视觉仍会将缺失的部分补充完整。

（3）相似性法则（law of similarity）：观者倾向于将具有相似性的图形组合起来，形成一个整体形状。

（4）接近性法则（law of proximity）：距离越近的元素越容易被认为具有同一属性。

（5）对称性法则（law of symmetry）：视觉会将具有对称属性的事物归为同一群体。

（6）连续性法则（law of continuity）：视觉通常会保持延续，将中断次数最少的元素组合起来。

（7）图形和背景（figure-ground）：通常人们在看到图片或图像时，会首先确定作为前景和主体的事物，而其他事物就成了背景。

四、审美引导

视觉信息不同于文字信息，其在传播中以色彩、形状等为主要信息手段，而

---

❶ 蒋载荣.格式塔心理学的视觉法则［J］.中国网络摄影.http: //gc.shu.edu.tw/~tjchiang/indite/GestaltPsychology/index.htm.

❷ 保罗·莱斯特.视觉传播：形象载动信息［M］.北京：新华出版社，2004：55.

这些手段的合理搭配会产生美的感觉。因此，视觉元素在传播中具有很强的审美引导能力。

德国学者阿恩海姆在《艺术与视知觉》中提出，人的视觉是一种积极的活动。人们在观看时具有视觉主动性和思维创造性。从视觉传播审美角度看，视觉认知具有整体性、互动性和创造性。这些理论似乎印证了视觉传播中观众的能动性与重要性。视觉不是神经系统对现实的机械记录，而是富有创造力、想象力和智慧的工作，具体表现如下：**❶**

（1）观看的整体性。视觉意象的形成取决于该要素在整体中的位置，视觉观看是一个重新组队的过程。观看过程中，局部的信息和整体的信息在大脑中重新组合，这一组合不是无序杂乱的，而是倾向于和谐的，即倾向于格式塔心理学中的优良、完整、相似、接近、对称等法则。由此看来在一个整体式样中，各要素的表象看上去究竟是什么样子，主要取决于该要素在整体中所处的位置和所起的作用，观者是以心理图式来解读图像的。因此在视觉传播中，视觉元素的传播语境和受众的认知习惯与特点就成为关键性因素。

（2）观看的互动性。美蕴含于互动。在观看过程中，存在一个"场"。视觉形象、人的知觉以及内在情感都包含于这个场中，这些元素形成互相作用的"力"。一旦"场"中的元素在"力"的作用下形成和谐的结构就能唤起审美经验。这个观点也扩展了整体性原则，即各种元素的组合在"场"的作用下产生了一个图景，任何一个元素的改变，都会引起"力"的变化，从而改变观者对整体图景的认知，而审美经验随之改变。

（3）观看的创造性。视觉观看不是机械的复制，而是对现实的创造性把握。一切知觉中都包含着思维，一切推导中都包含着直觉，一切观测中都包含着创造。观者对美的感知认识是直觉与知觉、情感与理智共同作用的结果，这个过程是思考的过程，这种思考富有想象力。因此视觉把握到的形象是含有丰富想象

---

❶ 鲁道夫·阿恩海姆著，腾守尧译.艺术与视知觉［M］.成都：四川人民出版社，2006.

力、创造性的形象。

（4）观看的普遍性。感知方式存在共通性。一切完整的概念都包含着某种共同的（或普遍的）真理内核。这一内核使得一切不同时代和地区的艺术能够对一切人发生作用。❶ 因此观看中存在着一种可以把握的逻辑和规律，这种逻辑让不同时代、不同地域的人都可以对美的事物产生共鸣。这意味着美是存在普适性的，是可以跨文化、跨空间、跨地域传播的，也是可以通过一定规律加以把握和利用的。

第三节　传播中的四大认知系统

凡·埃森（Van Essen）认为："视觉认知的过程是一个形成空间视觉表象的过程，这种视觉表象又可以分成反映事物属性的属性表象（也称客体表象），以及反映事物之间空间结构关系的关系表象。从视网膜上获得最低层次的感觉信息，到最后完成视知觉的过程，中间经过若干层次，伴随着信息汇聚与分散的加工。"❷

一、四大认知系统

视觉传播过程是一个复杂的综合体。受众对视觉信息的处理并非独立的，而是作为一个整体，分不同层次同时展开、交叉处理的。大脑对视觉信息的认知大体从色彩、形状、空间、运动等方面进行。

---

❶ 鲁道夫·阿恩海姆著，腾守尧译.视觉思维：审美知觉心理学［M］.成都：四川人民出版社，2006：6.

❷ 何克抗.创造性思维模型的神经生理基础.http://www.sijiehe.com/sites/sysem/defaultsite/doc/catalog_list.jsp?catalogID=58.

1. 色彩认知

从时尚传播的角度看，色彩认知是视觉认知中最重要的部分。色彩是颜色的统称，是通过眼、脑和人们的生活经验所产生的一种对光的视觉效应。色彩的属性有色相（各种不同的具体颜色）、明度（某一单色的明暗程度）、彩度（单色色相的鲜艳度、纯度，也称饱和度）。色彩对比的基本类型为色相对比——包括亮度对比、调和对比、强烈对比和冷暖对比。

色调作为视觉识别系统的组成部分，是品牌传播中的重要视觉语言。不同的色调有不同的色彩心理。有的科学家发现，颜色能影响脑电波，脑电波对红色的反应是警觉，对蓝色的反应是放松。冷色与暖色是依据心理错觉对色彩的物理性分类，波长长的红、橙、黄色光，给人以暖和感；相反，波长短的紫、蓝、绿色光，则有寒冷的感觉。这种冷暖感觉并非来自物理上的真实温度，而是与我们的视觉与心理联想有关。冷色与暖色除了给我们带来温度上的不同感觉以外，还会带来其他的一些感受，如重量感、湿度感等。暖色偏重，冷色偏轻；暖色有密度强的感觉，冷色有稀薄的感觉。两者相比较，冷色的透明感更强，暖色则透明感较弱；冷色显得湿润，暖色显得干燥；冷色有悠远的感觉，暖色则有迫近感。另外，色彩的明度与纯度也会引起对色彩物理印象的错觉。一般来说，颜色的重量感主要取决于色彩的明度，暗色给人以重的感觉，明色给人以轻的感觉。纯度与明度的变化给人以色彩软硬的印象，如淡的亮色使人觉得柔软，暗的纯色则有强硬的感觉等。❶

人对颜色的感知也往往受到周围颜色的影响。大脑对色彩的感觉不仅由色彩本身和由光的物理性质所决定，还受周围环境的影响，从而得出一个综合的反应。比如平面广告设计的三要素（文字、图形、色彩）中，色彩最能引起人们的注意，最能直接传达信息，具有先声夺人的效果。受众在观看图像的一刹那，最

---

❶ 金容淑著，武传海，曹婷译.设计中的色彩心理学［M］.北京：人民邮电出版社，2011：29.

先感受到的是色彩的效果及整体印象。图像中的明度、色调,让受众感受到色彩的总体效果,有助于烘托主题、加强画面情调的渲染和意境的营造,从而增强画面的吸引力,引起受众情感上的共鸣,较好地完成传播者的意图。能否运用好色彩所独具的生理、心理及社会作用,是时尚传播能否获得成功的至关重要的因素。色彩运用合理的视觉信息,往往更能抓住消费者的视线,诱发消费者的购买欲望。

同时,人们对色彩感知具有恒常性。大脑存在一种色彩校正机制,当观察某一物体时,大脑对色彩的辨识不仅参考了物体本身,还同时参考其周围环境,即使物体或场景因为光源的变化而呈现不同颜色,观察者依然能够对其色彩做出准确的判断。某些品牌的广告利用变色或光源的变化,在丰富或渲染品牌形象的同时,却并未消减品牌的辨识度,也得益于色彩认知的恒常性。

色彩的辨识度比较高,并具有明显的象征意义,不同的色彩往往体现了不同的意义。不同颜色的搭配又能影响人们对事物本身的理解、对环境的感知甚至影响受众自身的情绪。同样,色调的冷暖、亮度也会影响色彩对意义的表达。

图 5-1 的三款杜嘉班纳春夏女装,继续沿袭了该品牌奢华魅惑的风格,多彩的花纹和艳丽的颜色还表现了浓郁的西西里风情。在这里,红色与橙色并未被简单地堆砌,而每个配饰、腰带的设计、图案的构成等都进行了艺术化的处理,使品牌个性得以彰显。这样的色彩选择将这个来自热情似火的意大利的品牌性格张扬、活力四射的风格演绎出来,并凸显了女性魅力。

图 5-1　杜嘉班纳春夏女装发布

2. 形状认知

形状认知的理论基础是格式塔理论，包括图形和背景、完整性、相似性、接近性、对称性、连续性等。格式塔心理学阐释了视觉系统把图形作为有机的综合体，从局部到整体的认识过程，同时认为人类对于视觉图像的认知，是一种经过直觉系统组织后的形态和轮廓，而并非是所有各自独立部分的集合。❶视知觉可以采取主动积极的动作，补足未完成的图样，或在杂乱的环境中找到想要的图样。❷

Hubel 和 Wiesel 认为大脑细胞对视觉形状的某些元素，如直线、边缘比较敏感。模式辨识研究者认为，大脑根据储存的记忆（大量模版）对形状进行辨识；识别就是与模版相匹配的过程。奥利沃·塞弗瑞（Oliver Selfridge）认为人们认知形状的时候首先找出它的最基本的视觉特征，如直线、曲线、折线等，然后再和记忆里相似的事物进行匹配，越多特征相符合，则这个形象就越能从记忆中提取出来，形成认知。❸

在时尚传播中，形状即通常所理解的线与条，是极富变化的，并且每一个形状的选择与组合都是与品牌形象紧密贴合的。形状服务于商品，形状本身也有灵魂，也不断进行着意义的表达。

迪奥 1999 年的 J'ADORE（真我）香水广告中（图 5-2），整个画面色调呈现黄金色，黄金浴中的女模特宛若在金色光环中的女神，甚至有了宗教的神圣感。香水瓶的设计和模特的金色项圈有埃及王室的装饰风格，神秘高贵，成功地将商品神圣化了。同时，香水瓶轮廓光滑流畅，富有流动感，犹如水滴一样晶莹剔透，体现了迪奥一贯的性感妩媚风格，而画面模特的曲线姿态也与香水瓶的设计相得益彰。香水广告的设计体现了品牌的深刻内涵，很有韵味。

---

❶ 蒋载荣. 格式塔心理学的视觉法则 [J]. 中国网络摄影. http: //gc.shu.edu.tw/~tjchiang/indite/GestaltPsychology/index.htm.

❷ Robert H.McKim 著，蔡子伟译. 视觉思考的经验 [M]. 台北：六合出版社，200：13.

❸ 任悦. 视觉传播概论 [M]. 北京：中国人民大学出版社，2008：61-62.

图 5-2　迪奥真我香水广告

　　平面媒体主要是二维空间的展示。而电视、视频是用三维空间的表现方式呈现画面的。通常画面越大，视觉冲击力越强。比如路边的巨幅广告会让人产生渺小的感觉，对人的控制力比较强，而如果将画面挤到杂志、电视，甚至手机里，对画面的组合要求就变得更高了。如何在空间中找到平衡，将各种视觉元素巧妙组合是每个传播者要考虑的。格式塔理论的完整性、相似性等原则在组合画面时提供了很好的依据。而电视和视频作为动态画面，还要考虑视觉元素在运动中的连贯性。如图 5-2 所示的迪奥真我香水广告画面，在画面中出现了一片金色的池水，使画面的空间感加强了。虽然是二维的平面图像，却产生了立体的效果。

　　爱马仕（HERMES）围巾（图 5-3）素以别具匠心的图形著称。这三款杂志广告设计空间感都比较强。第一款的设计打破了格式塔心理学完整、对称的原则，造成空间感的破碎感。同时第一款还与第三款一样，因为画面上不同图案和色彩的使用，图像产生了层叠感。第二款表现了一个三维画面，形成了立体的效果。这三款设计都突破了常规的二维空间设计，将三维的表现方式放置于二维平面，打破常规，表现了极强的独创性，提高了品牌识别度。

图 5-3　爱马仕围巾

3. 运动认知

运动认知可分为真动知觉、似动知觉和诱动知觉。[1]

真动知觉是物体真正发生了运动，而人眼也真正捕捉到了这种运动。

似动知觉则利用了人脑的视觉暂留现象（persistence of vision）。如同电影电视的工作原理，将连续的静止的画面按一定速率印在银幕上时就产生了运动的效果。皮特·罗杰特（Peter Roget）提出视觉暂留的原理，认为大脑分析影像需要一定的时间，而图像在大脑中保留的时间比其现实的时间略长，如果在极短的时间内下一幅图像出现，就会产生错觉，两幅图像之间的时间界限消失了，从而产生画面运动的感觉。这个过程解释了电视中动态画面，如广告的形成原理。

受众的运动认知中的诱动知觉和似动知觉对广告制作很有意义。[2]

诱动知觉（induced motion）也是对静止画面的错觉。但不同的是，物体本身是静止的，但由于背景或周围有较大的刺激物移动，因而产生了物体在移动的错觉。这是一种视觉流（optic flow）现象，具体表现在人在行走时，会有周围的场景似乎都在运动的感觉。这样的认知过程能产生强烈的视觉冲击，激发身体各个细胞的参与度，被使用于意在增加客户体验的动态广告中。似动知觉利用了人脑的视觉暂留现象，按一定速率印在银幕上的连续的静止画面会产生运动的效果。

---

❶ 任悦.视觉传播概论［M］.北京：中国人民大学出版社，2008：63.
❷ 任悦.视觉传播概论［M］.北京：中国人民大学出版社，2008：63.

现以 NIKE 广告为例进行介绍。第一款 NIKE 鞋（图 5-4）的画面可能让人印象更为深刻。鞋似乎受到了很强的反弹力，平稳地离地，有喷薄欲出的感觉，运动的同时表现了很强的力量感。第二个画面（图 5-5）的分解图增强了主画面的运动感，发球、投掷几个动作被分解在一个画面中完成，因为似动知觉的缘故，似乎产生了类似电视画面的动态效果。

图 5-4　NIKE 广告 1

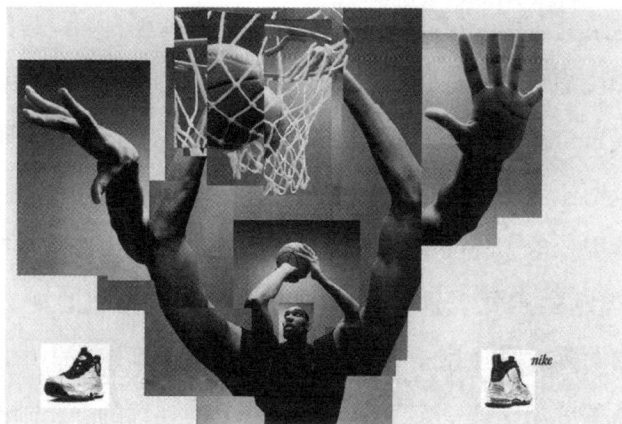

图 5-5　NIKE 广告 2

4. 空间认知

在视觉传播中，视觉表现的空间环境具有重要意义。空间环境的选择和设计，不仅表现了事物发生的过程，更重要的是为人物形象的塑造和气氛的渲染创造一个环境氛围。

空间认知指的是有关空间关系的视觉信息的加工过程。空间的一般表现形式分为感知空间、认知空间和符号空间三种。感知空间属于一种小的空间类型，是我们在日常生活与工作中所要频繁面对的一种空间表现形式。认知空间是基于认知三要素（信念、知识和记忆）而形成的，其中，知识是有关空间实体的部分到整体的关系的知识（或经验），而记忆则具有特殊功能，它使得发生在认知空间中的认知行为不再受物理空间约束的影响，而这点正是认知空间和感知空间的重要区别。符号空间是对空间的符号化表达。在符号空间内，人们基于对空间要素的简化、关联与综合，对空间进行了符号化表达。❶

基于三种空间模式，空间对象概念的产生大体如下（图5-6）：❶

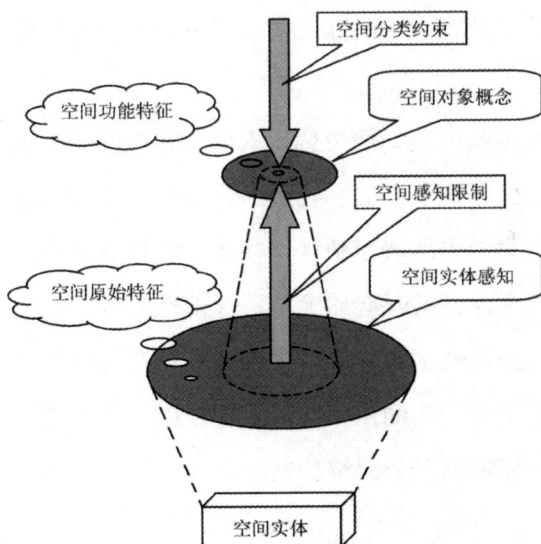

图 5-6　空间对象概念的产生

---

❶鲁学军,秦承,张洪岩,程维明.空间认知模式及其应用[J].遥感学报,2005(3):277-283.

由此看来，大脑对三维立体空间的认知是有别于空间原始特征的，因为投射在视网膜上的图像是二维的，它们被大脑识别并还原成三维需要一定的过程。视觉对空间判断的主要依据有：

（1）重叠。被遮住的物体似乎比较远。

（2）相对大小。越大的物体距离越近。

（3）相对高度。越靠近水平线的物体距离越远。

（4）影子。判断空间的深度和体积。

（5）清晰度。越清楚的物体距离越近，越模糊的越远。

二、视觉认知的特点

在视觉信息的处理过程中，大脑对信息的辨识、分析与理解具有以下特点：

1. 恒常性

不管观察到的物体的位置如何变化，人们对客体的认知都保持一致。大脑对物体的认知是综合的而不是孤立的。物体的色彩、亮度、大小、形状、位置、背景等发生变化时，观察者仍能清楚地认知物体，这是恒常性的影响。但不得不提的是，视觉认知的恒常性，有时会使大脑形成惯性思维，因为对变化的物体不能及时敏感地捕捉，反而影响了对事物的准确认知。在时尚传播中，利用与其他品牌相似的包装误导消费者购买的例子屡见不鲜。同时也不乏不同品牌因过于相似的包装或产品形象，而被消费者混淆的情况。

2. 主观性

大脑对视觉的感知存在主观加工的因素。视觉信息的处理过程受经验与环境的多重影响。观察者所处的环境或记忆中的以往相似经验，都会影响对事物的判断。如平面杂志中奢侈品广告普遍性地将某些色彩如金色、黑色等作为背景色或画面主色调时，读者看到以这类色彩风格为主的广告时，会自然将该品牌与时尚奢侈品联系起来。这样的联系不一定反映事实，而主要是认知主观性的影响。

3. 对比性或类比性

上述两个特性都多多少少反映出视觉认知的对比性或类比性。观察者在视觉认知的过程中，时刻处于将观察物和周围环境与其他类似物体进行对比或类比的过程中，以提取大脑储存的视觉记忆。模式辨识研究者认为，大脑根据储存的记忆（大量模版）对形状进行辨识，识别就是与模版相匹配的过程。这个过程是对比与类比的过程。

第四节　受众的视觉认知

视觉语言认知主要是在大众传播过程中完成的。大众传播的主要媒介是平面媒体、电视和门户网站。面对品牌信息，受众的反应过程是一个理性与感性交织的过程，既有对品牌信息的理性了解，也有感性的偏好。但受众最终付出高于品牌成本的价钱去购买产品，更多是出于情感诉求。这是传播者在视觉说服过程中最具挑战也最有意义的一项工作。因此本书将对传播过程中的情感因素进行重点分析。

一、传统的受众反应模型

受众在传统的传播过程中的特定反应可以从下表中反映出来：[1]

---

❶ 菲利普·科特勒，凯文·莱恩·凯勒.营销管理［M］.上海：格致出版社，上海人民出版社，2012：457.

阶段＼模型	AIDA 模型	作用层级模型	传播模型
认知阶段	注意	知晓 ↓ 了解	宣传 ↓ 接收 ↓ 认知反映
情感阶段	兴趣 ↓ 欲望	喜欢 ↓ 偏好 ↓ 信服	态度 意图
行为阶段	行动	购买	行为

传播过程中的受众反应模型

二、新型的受众反应模型

通过对时尚产品的传播过程加以分析，参考以上模型，笔者推导出以下的传播过程中的新型受众反应模型（图 5-7）：

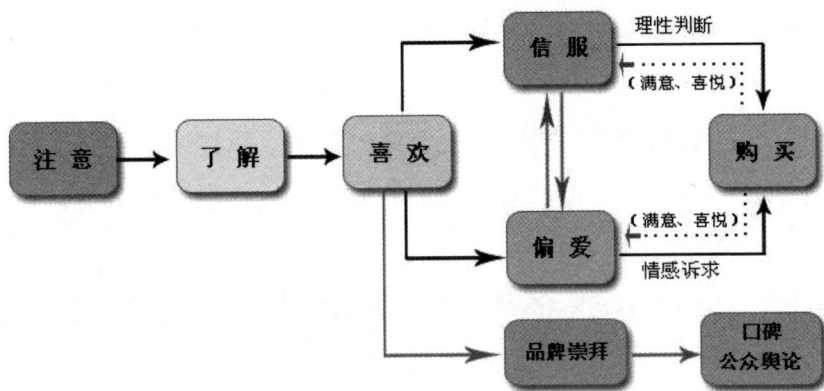

图 5-7　新型受众反应模型

从认知到产生购买行为，情感阶段的作用最为重要。依据笔者所做模型，受众反应具体过程如下：

1. 从注意到购买的过程

（1）注意（notice）。引起受众注意，是时尚品牌宣传的起点。传播者的首要任务就是广而告之，使品牌到达目标受众，并引发他们了解品牌的兴趣，提升品牌的知晓度。

（2）了解（knowledge）。了解是引发受众喜好的基本信息因素。这个过程更像是品牌与受众的对话。时尚传播者通过视觉引导，使受众更多地了解品牌的特征、功能和内涵。使品牌形象内化为受众的意识，使受众加深对品牌的熟识。

（3）喜欢（liking）。目标受众在了解品牌后，对品牌持有何种态度，正面还是负面，是受众仅仅停留在关注还是形成购买的一个分水岭。受众正面的态度，将会使其产生更多了解品牌的欲望，有利于产生购买行为。对传播者而言，受众喜欢该品牌，可以进行更深层次的品牌形象推进，如果品牌印象为负面，传播者必须调整传播信息，修正品牌在受众头脑中的形象。同时，信服和偏爱是相互作用、相互影响的。

（4）偏爱（preference）。偏爱是比喜欢更高的情感阶段，更像受众对品牌的情感依赖。对品牌的偏爱，可以使受众长久锁定一个品牌，并对其他同类品牌产生排他性，这个因素对形成忠实顾客很重要。

（5）信服（conviction）。对品牌的偏爱，可以使得受众产生购买欲望。而对于部分理性的受众，能打动他们的是品牌的功能性诉求，如质量、服务等。通过时尚传播让受众相信产品质量，对品牌信服，才会使这部分受众产生购买意愿。

（6）购买（purchase）。这是时尚传播的最终导向。通过说服等的铺垫，最终打动受众，使受众按照传播者的意图付诸行动，形成消费。

基于此，通常广告通过各种手段吸引受众注意，并使其聚焦目标信息。广告定位也要反映出品牌的特点、差异点等。在广告中创造品牌联想也很重要，使受众深层次理解品牌，形成情感诉求，产生对品牌的倾向性和依赖性。

2. 受众的反馈——满意与喜悦

在以上模型中，笔者将传播过程作了延伸，对顾客的购物后反馈作了探讨。通常，产品达不到顾客预期，顾客将会产生失望情绪，并会拒绝再次购买该产品，对品牌的评价为负值。但当产品达到甚至超过顾客预期时，顾客将产生满意甚至喜悦的情感，表现为对品牌更加信服或偏爱，多次重复购买，最终形成忠实顾客。而且受众的信服和偏爱有利于品牌美誉度的形成，有利于品牌在受众中形成口碑。

3. 非购买型受众反应——品牌崇拜

时尚传播的目的并非仅仅为说服受众。有些高端时尚品牌，如顶尖奢侈品牌，其传播目的更多是为了造势，形成受众围观。高端品牌，如爱马仕（HERMES）、江诗丹顿（VACHERON CONSTANTIN）（手表）、兰博基尼（LAMBOGHINI）基本价以十万甚至百万元起，其忠实顾客稳定，品牌目标客户群明确而小众，似乎不需要盲目地借助大众媒体宣传。但在电视和时尚杂志中，这些品牌仍进行高额投入，将炫目的广告推向大众。此时，品牌更多是为了树立品牌高端形象，凸显品牌使用者的社会地位，更像是为品牌使用者培养观众和粉丝。

　　面对这些宣传，受众的反应多为非购买型反应。对品牌由喜爱到产生崇拜。这个过程与购买型反应的"喜欢—偏爱"不同。"偏爱"更多是在受众掌控范围内，多是对自己购买能力范围内的产品的排他性喜爱。而"崇拜"更多是对超出自己购买能力的产品的仰视心理，并非能构成崇拜者的购买行为，但却可以形成口碑和品牌的公众舆论。公众对品牌的崇拜越普遍，对购买该品牌的顾客来说，其品牌价值越高，对商家来说，其品牌溢价能力越强。因此，这种类型的受众反应，也是传播过程中不可忽视的。

第五节　受众的视觉思维

　　除了视觉认知，视觉思维也会影响受众的判断。人的视觉绝不像机械地复制外部事物的照相机一样。相反，总是在想获取某事物时才真正地去观察该事物。因此，视觉完全是一种积极的活动。人们在观看时具有视觉主动性和思维创造性。任何思维，尤其是创造性思维，都是通过意向进行的。这种意向通过视觉的选择而形成，是思维者集中于事物的关键部分，省略无关紧要的部位，在心里形成的模糊形象。虽然并非具体真实的事物，但却是一种事物区别于其他事物的一个最为鲜明和本质的特质。❶

一、"我看"与"我知"

　　视觉传播试图实现受众从"我看"到"我知"的过程。因为认知经验和视觉

---

　　❶鲁道夫·阿恩海姆著，腾守尧译.视觉思维：审美知觉心理学［M］.成都：四川人民出版社，2006：30.

认知习惯的影响，受众很难做到"我看"即"我知"。想达到这个完美的效果，逻辑思维起了至关重要的作用。视觉是一个再造的过程，是通过视觉信息单元传送，通过眼睛欣赏的过程。这个过程将客观与主观相结合，由信息传播者创造性地将信息单元解构与重组，由受众通过视觉分析和视觉选择、解码而完成。这样一个过程，是受众对事物从表象到本体和本质的理解过程。这个过程由几个因素所决定：❶

（1）视觉传播者，即信息把关人。在传播学中有一个术语"gate keeper"，意即信息传播途径上的把关人，他们对信息进行选择、取舍和重组，并决定向传播对象提供哪些信息，他们直接决定着观众的信息画面内容和特定信息画面相对应的信息内涵。"gate keeper"采用的方法和技巧对信息单元的整合起到至关重要的作用。信息重组很大程度上取决于信息单元、信息时空和信息解构。信息单元是一些具有完整、独立知识内容的信息实体。一条信息可以由一个或若干个信息单元组成。信息有空间和时间的特征，即信息时空。信息的时间特性突出表现在其时效性上，信息的空间特征与物理意义上的空间特性不同，它表现在各信息之间在知识内容上的"距离感"。信息解构是指在深入分析某一信息知识内容的基础上，对其在信息时空内进行分解。信息解构成若干信息单元，这些信息单元经过重新组合可形成新的不同的信息。

（2）视觉接受者，即受众。信息被传递后，受众作为接收终端，对信息解码与处理。这个过程的主观性较强，受众以往的经历、视觉素养、认知能力和审美习惯等都会影响其视觉选择与视觉理解，最终解码的效果便显出极大的个性化差异。另外，受众在视觉认知过程中也存在"视觉盲区"，即因为观察者所处的位置、人类视觉的生理特点、认知经验与认知习惯不同所形成的对事物分析与理解的误区。"视觉盲区"的存在影响了受众对事物客观、准确、完整的认知，扭曲了被认知事物与周围事物的关联，因为受众看到的并非事物的全貌，而是支离

---

❶ 张浩达.视觉传播：信息、认知、解读［M］.北京：北京大学出版社，2012：49.

破碎的局部，因而影响了对被认知事物本质的理解。

（3）视觉传播渠道，即传播媒介。如麦克卢汉所言，媒介也是传播的内容，在一定程度上决定了信息传递的效率，影响了信息单元的传播重组规律，从而决定了传播的效果。一则广告通过杂志或电视进行投放的时候，因为媒介的形式不同，媒介传播的表现形式也有所不同。这种差异并非只表现在是静态还是动态上，还表现在画面的处理、说明文字的使用、主画面的选择等一系列的问题上。因为媒介表现形式的差异，同样是"看"，受众的认知也大相径庭。

由此可见，"我看"不一定为"我知"。实际受众接收到的大多数信息在接收过程中被忽略了。因此在信息传播中，传播者要有意识地进行信息化设计，提高信息的传播效率，以实现更好的传播效果。

二、视觉思维的修正作用

视觉思维中包含着许多逻辑思维的智慧和心理认知的因素。可以说视觉认知的过程就是视觉思维的过程，是实现"我看"到"我知"的重要途径。

阿恩海姆在《视觉思维》提出"意向"的概念，认为任何思维，尤其是创造性思维，都是通过意向进行的。[1] 人的视觉不是机械地复制或投影外部景象，而是在想获取某事物时才真正地去观察该事物。因此，视觉是一种积极的活动。人们在观看时具有视觉主动性和思维创造性。人们通过对事物的感知，糅合了虚拟的想象，并对视觉信息进行重新构建。

哲学心理学家傅世侠认为，视觉思维是一种语言与逻辑思维不同的富有创造性的思维，其创新性可概括为："第一，它源于直接感知；第二，它运用视觉意象操作并发挥想象作用；第三，它便于产生顿悟或诱导直觉，即唤醒主体的'无

---

[1] 鲁道夫·阿恩海姆著，腾守尧译.视觉思维：审美知觉心理学［M］.成都：四川人民出版社，2006：30.

意识心理'（unconscious mind）。"❶

因为视觉思维源于感知，是运用视觉意象操作并发挥想象，从而唤醒主体的诱导直觉或无意识心理，通过打通受众的自觉意识与无意识心理之间的障碍，将无意识体验迅速转化为可以通过自觉意识操作的有效的知识。这个过程更像是从"我看"到"我知"，将无意识体验向有意识利用的转化过程。通过对无意识的唤醒，所有的无意的视觉信息的获取就变成了真实的视觉体验。

第六节 受众的"情感关注"

从"情感关注"（feeling concern）到传播的过程中，"情感关注"不应被看作是想要传递的明确的信息，而更像是不确定的、模糊的并且内化的。当然，推导可以通过观察目标的姿态、身体动作等形成内在情感状态。接收过程可以定义为"发送过程中的镜像形象"。观者首先看到形象——即影片的一系列的信号。观者之前不了解影片将要传达什么。如果观者把这些信号当作信息，他首先从一系列的形象事件中推导出故事架构，通过屏幕展现的形象推导出整个影片的思想体系，并最终自发启用"情感关注"。由此看来，传播效果不在于制作者的前期意图，而在于受众在观看作品后所产生的效果。❷

一、"情感关注"的发生

在对受众进行视觉说服的过程中，唤起受众的情感反应，说服效果会更明显。引发情感反应的方式，会极大影响传播效果。许多心理学家也认为"情感关

---

❶ 傅世侠.关于视觉思维问题［J］.北京大学学报（哲学社会科学版），1999（2）.

❷ 索·沃斯个人主页.http://astro.temple.edu/~ruby/wava/worth/sintro.html.

注"几乎是人的一种根本驱动力。

如果传播者要传递这种"情感关注"，他必须制造一个"故事架构"（story organism）——其基本功能是提供能传递或表现情感关注的手段。尤其是那些人们认为是真实的、与个人情感有关的信仰和情感系统。● 在传播中，"拟态环境"是构建图像故事性、唤起受众"情感关注"、实现视觉冲击和引导的重要手段。传播者无论通过图像的构图，或创造视觉内容的故事性，都可以促使受众产生情感反应。由此可以发现受众以下的反应过程：

1. 选择性接触

信息处理过程的第一个阶段是接触，当受众面对信息刺激时，身体的一个或多个器官处于即将被激活的准备状态。在网络环境中，接触可分为有意接触和无意接触。有意接触指受众为了做出决策，寻找自己感兴趣的信息，从而接触到它。无意接触指受众在无意识状态下接触到信息的行为。另外，受众会积极寻找自己关心的刺激，对不关心的刺激通常会采取回避的态度，这就是选择性接触。无论在电视还是网络，受众对品牌信息，包括品牌新闻、图像、视频等，都可以主动选择是否观看，但在网络中，受众可以对广告有选择地观看或屏蔽，因此网络受众的选择性接触相对电视等媒体，更为明显。

因为这一特点，网络对受众的市场细分显得尤为重要。有针对性地对目标受众投放视觉信息，尽最大可能使图像内容和结构与受众的兴趣点吻合，可以增大受众观看该信息的可能性。

2. 注意

受众接触到视觉刺激后，会对刺激包含的信息进行处理，这在很大程度上受到受众自身注意程度的影响。在网络环境中，即使受众是无意识地接触到某些信息，但如果这些信息与其自身有很大关系，或者能够唤起自身潜在欲望或情景的话，受众也会给予相当高的关注。因此，网络营销管理者应努力使营销刺激最大

● 索·沃斯个人主页.http://astro.temple.edu/~ruby/wava/worth/worth.html.

限度地吸引受众的关注。

在品牌推广中，除了对目标受众的精准投放，在更大范围内吸引或创造潜在客户群，也极为重要。传播者往往通过或和谐优美，或夸张怪异的画面构图或布局，引起受众观看的兴趣。这样可以极大地完成抚慰老顾客、吸引新顾客的传播目标。

二、视觉冲击的形成

视觉冲击是图像带给受众的视觉紧张感。从视觉美学的角度来看，视觉紧张感更像是一种不可抗拒、激动人心的视觉情境和效果，形成图像魅力，从而使受众产生被征服的感觉。能形成视觉紧张感的图像可以通过能形成警觉作用的图案或颜色实现，如眼花缭乱或简洁的画面选择。

1. 利用已约定俗成的符号系统

人们对某些图形或颜色具有习惯性的稳定的视觉联想和反应。例如红色使人联想到性感和热情，金色给人华贵、高尚的感觉。恰当利用人们思维中的符号语言会形成视觉冲击力。

2. 突出人物形象

广告图像担负了很强的品牌宣传职责。品牌通常以画面中的主角出现，单一产品的展现力求做到画面简约、内容自然、人物轮廓清晰，使观众的视线能快速捕捉并停留在品牌上。比如在杂志广告中，不少品牌选择用最纯粹的方式拍摄广告，将模特的脸庞或整体展现在画面的中央，摆出酷酷的表情或姿势，背景却极为简单，更加突出品牌形象。

3. 营造自然情境

环境对视觉表现的影响很大。而且为了更自然地表现品牌，增强品牌的亲和力，越来越多的摄影师走出摄影棚，将海滩、森林等自然景观纳入图像中。

4. 夸张与突破

夸张的图形或色彩，因为打破了受众习惯性的审美习惯，使其瞬间处于警觉和高度关注的状态，视觉效果较为明显。突破固有思维和审美习惯的图像能快速吸引受众的注意力。

思考题：

（1）为什么时尚传播与视觉不可分割？

（2）如何理解视觉意象和品牌传播的关系？

（3）如何理解传播中的四大认知系统？

（4）受众对品牌认知的过程是怎样的？

（5）如何理解传播过程中受众的"情感关注"？

第六章 广告的视觉应用

时尚符号的功能不仅是为了实现信息或价值的忠实传达，还是为了满足受众主观的情感需求即审美的需求。广告承载了信息传递与情感表达的双重功能。

第一节 广告视觉表现的基本原则

时尚广告的主要目的是为了实现视觉说服。广告主要利用视觉形象进行信息传递并施加视觉影响，如时尚杂志中隐性的或显性的品牌广告中，唤起情感诉求和人格诉求是传播者重要的说服手段。时尚广告中视觉表现通常遵循以下设计原则：

一、艺术原则

视觉符号是一种视觉艺术，通过理解和接受视觉语言的"所指"，迎合审美心理、获得满足。一般媒体只是告诉你"看什么"，而以视觉艺术为核心的时尚媒体可以告诉你"怎样看"。媒体不只传达信息，其本身是依赖注意力而生存的。在这个意义上，视觉形象识别和信息传播的功能是通过艺术的功能实现的。时尚广告视觉形象在设计构思时，通常遵循统一与变化、对称与均衡、节奏与韵律、调和与对比、比例与尺寸等艺术形式美原则，创造出具有深刻精神内涵、富有美感艺术形态的视觉形象。

如今，随着媒体渠道的拓展，民众接触时尚艺术的范围和广度都在增强。时尚艺术元素正以生活化的细节和平民化的表达迅速渗透到我们生活的每个角落。时尚反映了人们在普遍求新、求异、求美的同时又有从众、效仿的心理。因此，广告视觉作品要将时尚观念或行为融汇于各项视觉的艺术形象设计之中，在视觉传达过程中，将时尚的理念、艺术的品位渗透到受众群体，获取受众群体的认知感和认同感。

广告创造的视觉信息是通过受众获得美感而产生商业价值的。这种美感并非凭空而生，而是因感性与意义的协调一致和完美结合而实现的。广告创造美感体验的形式大体如下：

（1）创造稳定、和谐的外部形式，让观者获得美感。

（2）通过图像引导读者理解信息的内涵。

（3）创造具有美感的视觉元素使观者产生深刻记忆。

广告试图让受众在观察、记忆、比较和分析的过程中获得美感体验，以达到预期的传播效果。

二、标记性原则

视觉中的标记性符号指示某一事物的存在，由此引起观者的联想。当标记性被用于说服时，会产生"名人效应"。广告中某一明星使用的化妆品，会使观众产生这个场景真实发生过的联想。

标记性符号并非具体存在的事物，而是利用某种事物存在的标记引发人们的联想。当标记性被用于视觉说服就会产生"名人效应"。国际知名品牌选用国际明星代言产品，正是为了使观众产生这个场景真实存在过的联想，明星魅力四射的面孔几乎成为品牌的标记。"某明星用过的皮包"这样的标记，正是广告策划者想要看到的，其目的也是为了唤起受众的情感认同与精神满足。

利用视觉的标记性原则正符合品牌的自我表达性价值。自我表达性价值可以极大地唤起顾客对品牌的情感。高端客户往往比较关注品牌的内涵，即品牌的包装、广告、宣传、客户体验和社会评价等，以及其在品质和理念等方面的追求。品牌成为消费者表达个人价值观、财富、身份、地位与品位的一种载体与媒介。消费者认同品牌的内涵，就会对品牌投入更多的情感，继而成为品牌的忠实用户。

三、情感诉求

视觉形象设计注重情感原则，塑造挖掘能够感动受众，影响受众立场、观点和生活经历的视觉形象，在读者与品牌之间建立情感共鸣。消费者总是主观性情绪化地吸收自己感兴趣的信息并采取相应的行动，在许多情况下，情感先于理智更早地促使人们采取行动。情感在交换的价值中是为了激起和满足目标顾客的情感需求。

情感诉求采用"动之以情"的手法，以广告的主题感染受众，迎合目标受众的情感需要，触动他们的某种感情和情绪，引发目标受众的情感反应，最终达到劝说目的。广告作为品牌常用的营销方法，其功能不仅体现在提供商品或服务信息，更重要的是激发消费者情感，引起购买欲望、促进消费行动。在实施情感劝说中，广告图像通过情境渲染和画面的色彩、形状等要素整合，唤起受众的味觉、触觉、嗅觉、视觉和听觉的感受，突出产品的特性，吸引受众购买。同时，通过在客观事实的基础上夸大产品功效来抒发鲜明的感情态度，引起目标受众的强烈共鸣，也可以实现其劝说功能。

中国不乏老字号的品牌，在许多民族品牌经历了一段过渡期之后，开始重新发力、不断升级，打造国民品牌的优质形象，并在短时间内，利用已有的品牌积累和消费者的怀旧情结，渐渐重回消费者的视野，重新占据市场。

2017 年 5 月，中国国产护肤品牌"百雀羚"在微信公众号上推出了"陪你与时间作对"民国系列长屏广告。（图 6-1）❶其主要立足于该品牌 1932 年创立的老品牌概念，在现代和民国两个时空穿越，借用 432 厘米长的图片广告，用谍战剧大片的叙事铺排方式，唤起中老年消费者的怀旧感，以经历过岁月的老品牌作为动人之处，提升了品牌的年代感。部分截图（图 6-1）如下：

图 6-1　"百雀羚"长屏广告截图

情感诉求的更高层面是人格诉求。人格诉求取决于劝说者的品格，通过劝说者的态度和人品特征使听众相信其语言的真实性。劝说者的威信主要包括专业性和可信性。❷在应用的整个过程中，这两种诉求互相配合、互相补充。

在进行人格劝说时，品牌代言人起到了重要作用。如化妆品广告常利用明星的名望、粉丝效应等来宣传其产品，现身说法，加强说服效果。明星呈现的姣好

❶ 以为是枪战片……原来是百雀羚广告！太有创意了！[J].传统古典中国风.微信公众号，2017 年 5 月 10 日.http: //mp.weixin.qq.com/s?__biz=MzA4ODQ3ODczOA==&mid=2651543487&idx=1&sn=e05c2293a1addc893491779c6c5ee122&chksm=8bd672c2bca1fbd49ffee9039200037766c517df015f4b46df05009de6863d757275efaa23e8&mpshare=1&scene=24&srcid=1025KbQ6vDN40lUEIsJ7fBtI#rd.

❷ 文娟.广告诉诸研究[J].郑州航空工业管理学院学报（社会科学版），2006（6）：91-93.

肤质，会深深打动每一个对皮肤质量苛求的爱美女性，同时因为对该明星的喜爱等前期情感因素的催化作用，"爱屋及乌"的情感效应在目标受众看到广告的那一刻发生。即使不立刻购买该产品，对该产品的美好形象依然印在该受众的脑中并被储存。当这种储存记忆达到一定累积时，即会发生质变，最终促成受众成为该产品的消费者。

研究表明，品牌吸引一个新顾客的花费大约是维系一位老顾客品牌满意度的5—10倍。●时尚品牌广告的说服作用对维护老顾客的满足感，维持顾客忠诚度具有明显的效果。对消费者来说，使用明星代言的产品，符合受众的心理情感诉求，又彰显个人的时尚品位。

四、文化内涵

时尚传播依赖于视觉。视觉形象对于时尚传播来说，就像电影中的主角，文字则更像配角。广告是时尚传播的重要手段，不同于普通的信息传播，广告不仅在有限的空间里充分利用图像和文字的传播和引导功能，还需对品牌意欲传达的无声信息，即品牌文化进行设计，以使广告内容形神兼备。

没有文化内涵的品牌是没有灵魂的。在当今世界知名时尚品牌在工艺、材质和设计等方面越来越难分伯仲的时候，品牌的文化内涵成为各知名品牌重点打造和比拼的制高点。纵观世界知名服饰品牌，从代言人、设计元素到广告内容，无不凸显其文化内涵，以展现其与众不同的身份。

国产男装品牌"七匹狼"以狼文化作为核心文化诉求，通过生动的广告图像和精炼的广告语"挑战人生，永不回头"、"男人不只一面"、"奋斗无止境"等，讲述男人的故事，塑造侠骨柔情、刚柔并济、团队协作、爱家护家的优秀男

● 菲利普·科特勒，凯文·莱恩·凯勒.营销管理［M］.上海：格致出版社，上海人民出版社，2012.

人形象。[1]七匹狼 2016 年以狼文化为基础，推出品牌"狼图腾"，在设计中还加入了中国各民族文化的新元素，以此来展现狼文化在不同民族、不同领域中的风采，透过狼文化，与全球的时尚对话。在广告中，品牌通过张涵予的硬朗形象展现品牌风格，同时品牌跨界搭档腾讯游戏《雷霆战机》，进一步在年轻消费者中树立自己战斗者的形象（图 6-2）。七匹狼在 2016 年凭借狼文化系列获 IAI 国际广告奖金奖。

图 6-2　七匹狼 2016 年广告和"狼图腾"图案

可见，不少国产品牌已经开始有意识地探寻消费者潜在的审美方式和意识形态的走向，同时在设计和传播中体现品牌的文化底蕴和创作灵魂。

---

[1] 七匹狼男装狼文化荣获 IAI 国际广告奖金奖.时尚品牌网，2016 年 7 月 15 日.http：//www.chinasspp.com/News/Detail/2016-7-15/348520.htm.

第二节 广告的图像与文字

在大众传播研究中，图像与文字是被截然分开的。语言作为文化的重要承载物，一直在大众传播研究中占有重要地位，传播学研究一直将语言符号作为主要研究对象，而图像这类非语言符号模糊又难以界定，一直没有受到研究者的足够重视。20 世纪中期与后期，电视的出现与普及，图像的强烈视觉效果与情境再现功能等，使过去以文字作为文化承载物的现象受到挑战，社会文化呈现视觉化发展的趋势，图像在传播中的地位日益凸显。

但就像所有演出只有主角难以构成丰满的剧情一样，在时尚传播中，有时图像可以表演独角戏，但很多情况下，却不能失去文字的烘托。因而图像与文字融洽地结合对有效传达传播者的意图有重要意义。

一、全平衡论

美国学者瑞克·威廉姆斯（Rick Williams）提出全平衡论（Omniphasism）。他认为，视觉传播的真正意义在于创造、激发新的想象力。全平衡论是对视觉传播中的认知现象的研究，它强调大脑的两个认知系统，理性处理系统和直觉处理系统的平衡。理性处理系统主要与逻辑性知识有关，比如语言学和数学，而直觉处理系统是一种下意识的反应，没有理由，不需要经过思考，比如图像和音乐。不过，直觉知识也要经过理性的处理才能获得真正的感知。❶

全平衡论大体描绘了大脑对文字与图像的处理原理，对图像的反应最初是无意识的，随后经过理性思维分析与判断；对文字的认知则依赖于理性思维。两者如果协调合作，就会产生平衡的感觉，会带给观者以愉悦感。

---

❶ William E.Ryan & Theodore E.Conover.Graphic Communications Today（4th edition）[M].New York：Thomson Delmar Learning，2003：32.

二、图像与文字的结合

时尚传播的主要工作就是将图像与文字巧妙地融合。图像与文字的结合有时就像夫妻，大体遵从以下原则：❶

（1）互相支持。在广告、网页、电视和各种视频中，图像与文字往往互相支持、互为补充。

（2）互相解释（在必要时）。在这个过程中，还要对时尚品牌或趋势有所了解。受众是有独立思考能力的，他们往往喜欢就看到的信息自己得出结论，而不愿意看到一目了然的文字或图像。但另一方面，如果需要做全面的解释以使受众对图像有清晰的了解，传播者就要提供文字以确保意义清晰无误。这样也会加深受众对款式、商标等的理解。

（3）互相展示。标题、文本、字幕中的文字要忠实地展示它所服务的图像。所有的图像元素与文字内容应融洽地结合在一起，这样观众视线在文字与图像间来回跳跃时才会感到舒适。

影响图像与文字和谐程度的因素包括：色彩、大小、色调、音量、节奏、流速、形状、搭配和媒介的选择。如果二者不能协调，观众就会感到疲倦或混乱，传播者则不能有效传达信息。

（4）激发兴趣、产生娱乐。时尚传播者会用一些有创意的、有趣的和与众不同的东西，来启发观者的兴趣。用创意的方法展示图像与文字，而不是机械地把图像和文字堆放在一起，能极大地启发观者的兴趣。

只有具有视觉吸引力和对文字进行有效编辑的广告或时尚图像，才有感染力。愉悦的心情能促使人们产生购买产品的欲望。

---

❶ Marian Frances Wolbers.Uncovering Fashion［M］.New York：Fairchild Books，2009：240-241.

第三节　广告的视觉设计要素

广告视觉设计以色彩、形状等为主要信息手段，通过这些手段的合理搭配产生艺术感和审美引导能力。广告视觉审美有以下几个要素：

一、"力"与"场"

（1）"力"即艺术张力。审美是一种对"力"的体验，是对于对象的一种情感体验，而只有对象所包含的"力"才能给主体以刺激而产生情感的体验。力度美是一种隐形的美，它往往通过形状和色彩表现。视知觉具有高度的选择性，是一种积极的、能动的行为，它不仅对吸引它的事物进行选择，而且对看到的任何事物都进行选择。审美知觉中的"力"是一种"具有倾向性的张力"，[1]它并非真实存在的物理力，而是人们观看某种特定对象时所感知到的"力"，是人们所看见的形状和色彩的不可分割的一个方面。使人们产生较强审美体验的作品，都蕴含着这种力量。雕塑掷铁饼者（Discobolus）（图6-3）表现了男子在掷铁饼过程中最具有张力的瞬间。雕塑虽然静止，铁饼投掷者并没有真正去投掷，而是不动之中的"动"或"张力"，但让人感受到运动员蓄势待发的气息以及运动所饱含的生命力。这种形式表现出艺术的生命，成为审美体验的精髓。[2]

---

[1] 鲁道夫·阿恩海姆.艺术与视知觉［M］.成都：四川人民出版社，1998：621.
[2] 史丰华.阿恩海姆思想研究［M］.济南：山东大学出版社，2006：152–156.

图 6-3　掷铁饼者雕塑

（2）"场"即情境。图像可以被看作是视觉要素的"场"。如果图像中存在的力能够互相衬托、互相抵消，视觉就会产生平衡感，能产生愉快的心理体验。同时，在图像中注意张力的表现和平衡的使用能加强受众的审美体验，强化引导效果。

"力"与"场"的平衡有时是一种趋向于对立冲突的艺术美的表现手法，它把所描绘的事物的性质与特点放在鲜明的对照中来表现，画面中的事物因差别而相互衬托，因差别而相互突出，在相互的对比中，使受众感受画面形象的张力。这种手法更鲜明地突出或强调了产品的性能和特点，给受众以深刻的视觉印象。

图 6-4　VIKTOR & ROLF 鲜花炸弹香水广告

VIKTOR & ROLF 鲜花炸弹香水广告（图 6-4）中，模特娇好的面容与随风向上飞扬的面纱预示着鲜花的盛开，与旁边的炸弹形香水瓶形成鲜明的对比，有很强的画面冲突感，似乎暗示使用此款香水的女性魅惑并富有爆炸力。而且这个广告中模特的朦胧造型与丝带另一端的香水瓶形成了一种神秘魅惑的氛围，即"情境"或"场"，同时鲜明对比与线条产生了很强的张力，营造了很强的画面感染力。

二、色彩与形式

从时尚品牌传播的角度看，色彩认知是视觉引导中极为重要的部分。色彩对比的基本类型为色相对比——包括亮度对比、调和对比、强烈对比和冷暖对比。图像中的明度、色调，让受众感受到色彩的总体效果，有助于烘托主题、渲染画面情调、创造意境，从而引起受众情感上的共鸣，较好地完成传播者的意图。能否运用好色彩所独具的生理、心理及社会作用，是品牌广告能否获得成功的至关重要的因素。色彩运用合理的视觉信息，往往更能抓住消费者的视线，诱发消费者的购买欲望，让消费者在潜意识中建立起深刻的品牌形象。

形式与"力"的平衡关系密切。通过重力与方向的合理布局，使构图呈现平衡的状态。黄金分割律被普遍应用于构图。0.618 ： 0.382 的比例对视觉感受是最舒服的，可以带给受众以愉悦感。❶又如摄影中画面的中心点不一定放在最中央，而是图像的 1/3 处。1/3 比例被普遍应用于摄影、图画构图中。当今，不仅平面设计，就连动态画面设计，如电视、电影画面等也越来越关注这个规律。

三、和谐与颠覆

和谐体现了审美知觉的整体性，受益于视觉"场"中各种"力"的平衡。在多数情况下，和谐是审美体验的主要原因。人的知觉不是初级的、零碎的、无意义的，而是具有整体性的，是一种统一的结构，情感和意义都渗透于这种整体性与和谐统一的结构中。❷和谐的构图更能抚慰受众，使受众处于放松与舒适的状态，产生美好的视觉体验。因此，和谐的构图成为审美引导的首要因素。

颠覆是应对视觉审美疲劳的一种对策。人的视觉具有恒常性，对相似性高或变化细微的图像的敏感度不高。当受众被铺天盖地美轮美奂的视景包围时，就会产生审美疲劳。因此，许多设计师另辟蹊径，通过打破常规审美习惯吸引受众，这种突破可能是对传统审美的背离。广告设计师以逆转的形式挑战人们的视觉极限，刺激人们的视觉感官，引发视觉冲击，达到引起关注、引发好奇的效果。这种颠覆可能是对和谐美、色彩美和形式美的背离。以逆转的形式挑战人们的视觉极限，刺激人们的视觉感官，有时也能起到意想不到的效果。

夸张是颠覆的一种表现手法，通过夸大图像的象征意义激发受众的情感反应。

---

❶ 任悦.视觉传播概论［M］.北京：中国人民大学出版社，2008：141.
❷ 史丰华.阿恩海姆思想研究［M］.济南：山东大学出版社，2006：149-156.

如这款 NIKE 运动鞋广告（图 6-5）并非将镜头集中在运动员的脚部，而是突出了运动员发达的肌肉，重在显示力量之美。被人为放大了的肌肉，能瞬间抓住受众的眼球，让人立刻联想到运动的爆发力。画面的张力和所表达的"力"之美与自信的态度，能打动运动爱好者的心。

图 6-5 NIKE 运动鞋广告

颠覆的另一种手法是异化，在广告设计中改变产品的常规使用方法或使用场合，使观众既感意外，又能产生深刻的印象。如这款匡威球鞋广告（图 6-6）通过错位穿鞋的方法表达了前卫、新锐的品牌理念。❶

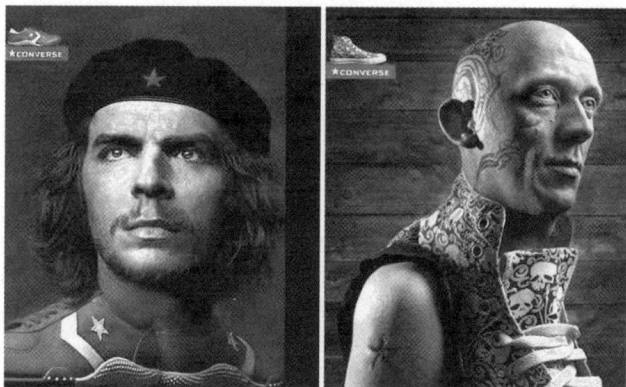

图 6-6 匡威运动鞋广告

❶ 陈丹，秦媛媛.时装品牌视觉识别［M］.北京：中国纺织出版社，2009：130.

第四节　广告画面的艺术化处理

时尚传播在商业领域主要是艺术化的视觉传播。时尚广告通过艺术化的处理，让受众的视线停留。如果人们欣赏艺术作品的品位和喜好没变，对品牌形象进行艺术化处理的时尚广告就有广大市场。传播者在图像的审美效果上下工夫，让受众忘却所处的被视觉说服的环境，能引发受众情感关注。

一、唯美的文化主题

以某一个主题为主线表现品牌形象，深化品牌内涵，赋予传播以更高的审美性。尤其是国际品牌，往往利用广告的视觉效果，深化其文化内涵或文化渊源，突出其历史感和高端品质。

意大利轻奢品牌杜嘉班纳以古罗马和拜占廷为品牌文化根源，在其广告片中往往刻意突出这一主题。下面这个宫廷系列广告采用意大利古典油画的全景式构图，大型的人物群像赋予品牌史诗般的美感，像是对历史瞬间的采撷，将其作为意大利品牌的文化主题深深烙印在消费者心里（图6-7）。

图6-7　杜嘉班纳全景式广告

二、巧妙的色彩运用

时尚广告充分利用色彩对人的心理影响，根据广告理念和产品的诉求选用不同的色彩搭配，强调在统一和谐的影调中，追求画面色彩层次的丰富生动。除了对彩色的运用，即使在黑白两色中也能贴合品牌特质，利用光影的专业手段，烘托出品牌的氛围，如 CK 广告的黑白灰基调，塑造了品牌纯粹简单和轻松优雅的中性精神。而蒂芙尼珠宝一直使用的清爽的翠蓝色纯色背景则表现了品牌高贵、纯净的气质，传达出浪漫与爱的味道。

普拉达广告为了贴合产品的复古风，整个画面采用了带有金属反光感的复古色调，画面色调雅致深沉却不晦暗，模特的肤色在灯光的效果下呈现出金色，同时低调的侧光源使得深色服饰中的精致古典花纹若隐若现，整个画面色调偏冷，烘托了产品的冷艳与高贵气质（图 6-8）。[1]

图 6-8　普拉达广告

---

[1] 刘晶.奢侈品杂志广告的视觉传播艺术［J］.苏州科技学院学报(社会科学版)，2012：107.

2017 年，林更新代言国产品牌海澜之家（图 6-9），品牌为了突出该季服装的清新自然感，特意搬了一整面冰墙作为拍摄背景，画面的清透冰爽感呼之欲出，提升了产品的品质感。●

图 6-9　海澜之家 2017 年广告

三、绘画效果的处理

时尚杂志的静态表现也可以很美。对品牌形象的艺术化处理，赋予了品牌更多的内涵、更高的艺术价值。广告进行类似于绘画般的表现，使人们的阅读变成了观赏，赋予图片信息以更多的想象空间。

路易·威登 2009 年在报纸和杂志上刊登的广告图片，以荷兰画家维米尔（Vermeer）的油画方式展现其产品的生产工艺手法，一个手持画笔的工匠、一

● 为什么海澜之家请林更新做代言 level 就完全不同了.搜狐网，2017 年 7 月 21 日.http：// www.sohu.com/a/158963166_116152.

位年轻女孩在制作皮具。制鞋工匠仿佛真的在描画艺术品，精致地勾勒着鞋子的轮廓，令人深深沉醉（图6-10）。女孩恬静安详的样子让人想到了文艺复兴时期油画中圣女的形象（图6-11）。女摄影师 Desiree Dolron 拍摄的图片极具荷兰油画风格，令人赏心悦目，优雅品位油然而生。

图 6-10　路易·威登广告中制鞋工匠的画面

图 6-11　路易·威登广告中女工匠的画面

第五节 广告的视觉说服

视觉说服是时尚传播的核心环节，是实现其商业目的的主要视觉手段。说服性传播不是人们所必需的传播行为。[1]"宣传是通过操纵表述以期影响人类行为的技巧。这些表述可以采用语言、文字、图画或音乐的形式进行。"[2]由此可见，宣传的最终目的是为了影响与操控。宣传在策划阶段就带有说服目的，影响受众判断并促使其产生某种行为。时尚传播作为一种商业目的的传播，从起点到终点，都带有很强的说服动机。广告中的视觉说服有以下几种途径：

一、故事与叙事

图像具有很强的叙事能力。如果从图像传递信息的系统性和逻辑性考虑，图像具有极强的传递信息的能力。在以图像为主要信息传播方式的时尚传播中，对图像叙事性的驾驭能力，也是提高时尚传播力的重要因素。

1969 年，法国文艺理论家托多罗夫（T. Todorov）的《〈十日谈〉语法》（Grammaire du Decameron）中提出了叙事学理论（Narratology）。[3]在过去，很少有人从图像出发进行传播学的叙事研究。最初，叙事学主要用于对文学作品进行分析，后来被纳入电视、电影作品的研究。美国语言学家查特曼（Seymour Chatman）将叙事理论与传播联系起来，建立了叙事的传播模式。20 世纪 90 年代，学者理查德·坎贝尔（Richard Campbell）发现新闻节目中叙事结构与小说的叙事结构一致，也有主题与不同角色的分工。在电视、平面媒体中，图片可以

---

[1] 保罗·梅萨里.视觉说服——形象在广告中的作用［M］.北京：新华出版社，2004：5.

[2] 沃纳·塞佛林，小詹姆斯·坦卡德著，郭镇之等译.传播理论：起源、方法与应用［M］.北京：华夏出版社，2000：107.

[3] Todorov. Grammaire du Decameron［M］.Mouton：The Hague，1969：69.

以图像为主展开故事内容，具有很强的叙事性，也具有故事的六个部分：情节、性格、语言、思想、场景和唱词。

图像具有很强的叙事能力。在以图像为主要信息传播方式的时尚传播中，对图像叙事性的驾驭能力，也是提高传播力的重要因素。

2007年，兰蔻推出全新演绎的珍爱香水，广告增加了故事性的画面，大桥之上两人重逢、拥抱（图6-12）。在1997年出演《泰坦尼克号》女主人公罗斯的扮演者温丝莱特于10年后演绎珍爱香水广告，观众似乎又被拉回到电影的画面中，《泰坦尼克号》的情节仍在延续。虽然是静态画面，却像在诉说一个感人的故事，演绎一部温馨的电视剧。

图6-12 兰蔻珍爱香水广告

2015年，国产品牌江南布衣（JNBY）与德国摄影师阿米拉·弗里茨（Amira Fritz）合作拍摄了一组名为《在上海与巴黎之间》的系列照片。摄影师以一种"现代游牧"的方式，途径中国北京、蒙古、俄罗斯、土耳其等国，最后到巴黎，随机拍摄了一组具有旅游和人文纪录片色彩的 LOOKBOOK 摄影集（图6-13）。[1] 弗里茨和 JNBY 提炼出其中"游"的概念，跨越东西方文化的界限，倾听年轻人的声音，以年轻人特有的视角和风格去诠释 JNBY 的服装，并分享他们在路上的经验与梦想。每张照片都讲述了一个年轻人的故事，照片用安静唯美的视觉传达将人、景和物联系在一起。

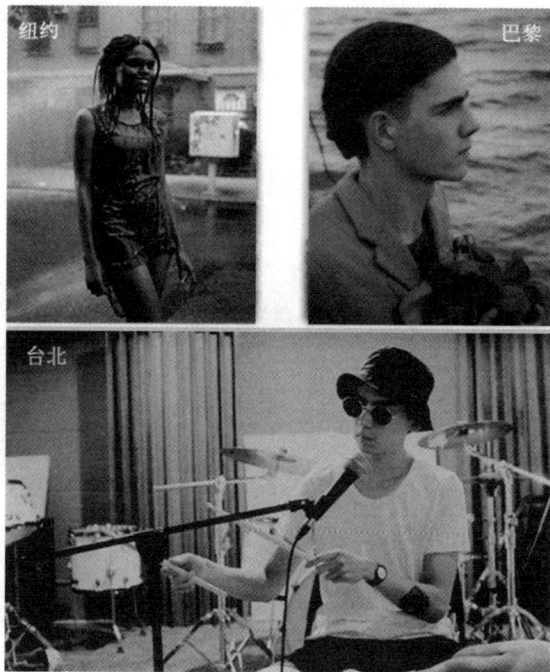

图 6-13　江南布衣 LOOKBOOK 摄影集照片

二、名人效应

通过明星代言产品，说明该产品是某位明星所青睐或信任的产品，是较快地

---

[1] JNBY 江南布衣，Travel your dream. 时尚空间网，2015. http：//www.fashionspace.cn/a/zhongguozizhupinpaimingjian/nvzhuang/2015/1204/51.html.

让受众产生购买欲的传播方法。因为其中明显的标记性和较强的情感因素，传播效果更为直接。

"晚上睡觉我只穿 CHANEL No.5"（Nothing but a little Chanel No.5），玛丽莲·梦露的话勾勒出了明星对香奈儿 5 号的青睐。香奈儿 5 号由创始人可可·香奈儿（CoCo Chanel）于 1921 年创制，由 80 种不同的成分合成，外形及名字都显现出女性刚强的一面。历年启用众多大牌明星代言，表现了香水优雅奢华又不张扬的时尚气息。2017 年，在中国区启用国际超模刘雯做代言人（图6-14），使香奈儿的品牌形象更增加了别具韵味的东方气韵和古典美，而且刘雯独立低调的女性形象也与香奈儿的品牌气质互相映衬。

图 6-14 香奈儿 2017 年香水代言人刘雯

三、品牌细节

在广告中突出放大产品的某个局部细节或某一局部的生产过程，会让受众产生工艺精良的印象，从而产生信赖感。

手工制作是时尚品牌高贵品质的象征，国际奢侈品有个惯例"一半以上工艺出自手工制作"。这也是为什么高定品牌服装宣传片中一再出现手工制作或镶嵌等工艺的细节画面。手工制作有着机器生产无法达到的细腻与体贴，能彰显服装的与众不同，体现出服装的独特气质。

比如意大利男装品牌杰尼卡（Ermenegildo Zegna）素以品质著称，至今依然延续古老精湛的手工制作工艺，西服除大片的剪裁、拼接利用机器外，其余工艺全部由缝纫师手工完成。杰尼卡高档西装，每件都经专业技师至少18个小时、33000针精心缝制而成。在其广告片中特别突出了细腻的手工技艺，并将西服的领口设计、考究的面料等细节画面放大，显现出其一流的工艺和品质（图6-15）。

图6-15 杰尼卡男装广告

通常人们相信，真实的是具有说服力的。时尚传播中真实性的视觉形象能唤起受众的归属感和信赖感。

国际知名时尚品牌深谙打造顶尖品牌的规则，在时尚传播中不断突出其与众不同的工艺和血统。中国自主品牌在打造国际顶尖品牌的道路上，贴合品牌特质，在传播环节突出自身的尊贵品质和高端形象是我们可以着重加强的。

目前，国内的高级定制品牌在这方面作了不少探索。中国品牌"玫瑰坊"以传统中式婚礼的刺绣礼服闻名。每套礼服耗工数千个小时，光刺绣就长达数月之久。黄晓明、陈妍希、刘诗诗等明星的婚礼都曾穿着这个品牌。在网络宣传中，该品牌也很注重突出细节（图6-16）。●

图6-16　玫瑰坊的中式礼服

像中国传统刺绣这样的工艺，有几千年的历史和传承，这本身就是品牌可以引以为傲的亮点。

四、模糊化

视觉结构不像视觉语言有严密的逻辑性和论证过程，因此缺乏确定性。但从另一方面说，图像的模糊化造成了视觉结构的不确定性，使图像具有含蓄性的

● 郭培和她的中国嫁衣.海外网, 2016年9月2日.http: //huaren.haiwainet.cn/n/2016/0902/c3541758-30285143.html.

一面，这一特征反而更能吸引受众积极参与寻找答案，得出明确的结论。这个过程反而强化了视觉形象的传播效果，加强了受众对图像的认知与印象。比如模特经常是广告的主角，如果将这么重要的部分隐藏起来，会大大增加消费者的好奇心，增加悬念。

Ines 香水广告（图 6-17）中，主人公模特并没有出现在画面上，而是将产品的投影换位成主人公的倩影，让人不禁好奇这是怎样一位女性，从而心生向往，由此及彼，对产品产生浓厚兴趣。[1]

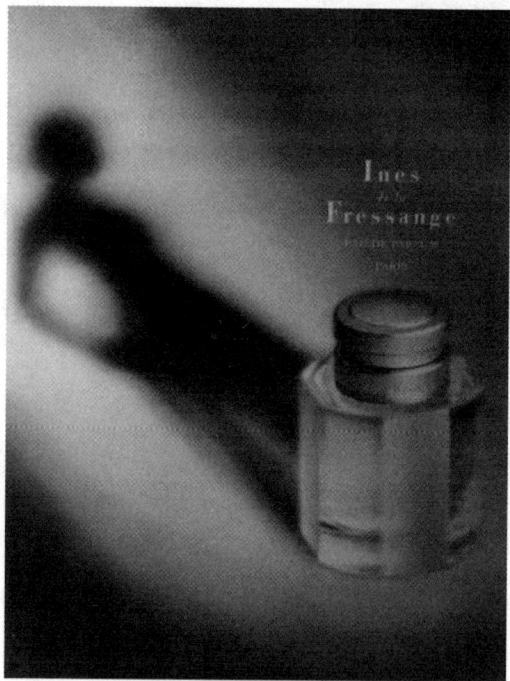

图 6-17　Ines 香水广告

图像的模糊化处理，增强了画面的神秘感，引发了受众想进一步观看、一探究竟的好奇心，反而达到了吸引注意力的效果。

---

[1] 陈丹，秦媛媛.时装品牌视觉识别［M］.北京：中国纺织出版社，2009：131.

五、情境化

受众在观看图像时，并不是独立于图像之外的，而是结合自己的个人经历、文化、环境等而产生的反射性情感反应，是因图像创造的情境而产生的身临其境的感觉。这对广告等具有特殊意义。图像中的视觉形象使用各种方式使观者回忆起自己的现实经历，让受众忘却所处的是一种说服语境。

广告用故事来创造情境，用情境来渲染氛围，令画面充满艺术气息，这也是时尚广告一种有效地吸引眼球的方法。利用图像的形象性，通过构建情境塑造拟态环境，产生情感渲染的作用。图片对服装的描述与展示能将服装提升到更高的艺术境界，深刻地反映品牌的内涵和文化气质。

爱马仕 2010 秋冬皮包广告（图 6-18）营造了一个哥特风格的深夜森林的冷艳画面，以伦敦福尔摩斯为主题的广告中，整个画面以代表深夜森林的黑色与池水的蓝绿色为主色调。画面的大部分版面留给了池水，水面烟雾升腾，水中几个漂浮的颜色鲜艳的皮包显得颇为扎眼，似乎成了池边垂钓的美女的猎物，这也成了整幅画面的亮点。池边身着夜行衣的神秘女子耐心垂钓与把玩的神态，令画面神秘感大增。

图 6-18 爱马仕秋冬皮包广告

　　杜嘉班纳曾在 2012 年品牌广告中表现出其巴洛克风格意大利传统家庭的生活图景，画面中洋溢着无限的欢乐（图 6-19）。广告画面看似是家庭日常生活照的抓拍，莫妮卡·贝鲁奇领衔模特们扮演的意大利传统家庭成员的神情与姿势自然而随意，较好地避免了摆拍的痕迹，构图疏密有度，绚丽亮闪的巴洛克风格外套被模特们展示得自然而得体，流露出低调的奢华。●

图 6-19　杜嘉班纳服装广告

　　总而言之，时尚杂志艺术化的视觉表现形式，使静态画面焕发了生机，迷人的情境跃然纸上。时尚广告所创造的美轮美奂的视觉形象消除了文字的藩篱、跨越了文化的界限，使人与品牌之间形成了紧密的联系，产生了亲密的情感。时尚杂志将广告提升到艺术的高度，模糊了广告与艺术创作之间的界限，愉悦了受众，焕发了预期的商业情感，提升了时尚传播的商业价值。

　　● 刘晶.奢侈品杂志广告的视觉传播艺术［J］.苏州科技学院学报（社会科学版），2012（7）：102.

思考题：

（1）广告视觉表现的基本原则有哪些？

（2）如何处理广告图像与文字的关系？

（3）请举例阐述广告的视觉设计要素。

（4）请举例阐述广告画面的艺术化处理。

（5）请举例说明广告视觉说服的途径。

第七章　传统媒体

在当今视觉时代，媒介是时尚传播的现实渠道，是承载时尚并将其广泛传播的平台。科技推动媒介形式的变化，使时尚传播所承载的人文力量和商业价值与日俱增。

第一节　传统媒体与新媒体的区别

时尚传播媒介是指传播过程中信息传播者和受众的中介，是时尚信息的物质载体，是用来表达某种意图的静态或动态的物体。[1]媒介选择与使用影响信息传播效果和受众对时尚的理解。

一、大众传播的内容为王

大众传播媒介主要包括平面媒体和电视，是在信息传播过程中处于职业传播者和大众之间的媒介体[2]。大众媒介的传播是由点到面实现的。同时因为是有组织的内容发布，其内容的来源可控性强、可信度高。

大众传播媒介强调内容。在商业性的时尚传播中，广告是品牌在大众传播中

---

[1] 徐静，赵伟.服装品牌的整体塑造与传播[M].上海：东华大学出版社，2010：110.
[2] 大众传播媒介.百度百科.http://baike.baidu.com/view/2691156.htm.

最重要的一个时尚传播手段，因为广告承载了大量的视觉信息，能够精准地实现视觉引导和视觉说服的功能，大量的品牌信息通过广告的形式直接传递给受众。在这一形式下，广告通过大量的静态或动态图像，通过色彩、形状或空间等视觉元素的构造与组合，对受众进行视觉说服，最终将品牌形象渗透于受众的意识中，影响其消费决策和消费行为。

传播内容在大众媒介传播过程中的地位是十分突出的，主要因为：

（1）与传播渠道相比，内容是传播的出发点和归宿，是大众传播媒介的原料、产品，也是最终的利润来源。

（2）因为大众传播媒介的内容供应商（如电视台、杂志）对受众的争夺极为激烈，受众资源又相对固定，讲求内容、以质取胜，利用优质的内容吸引受众成为大众媒介传播的重要任务，因此其传播内容的质量相对来说更精良，代表了内容传播的主流。

二、新媒体的渠道为王

渠道是内容的拓展。内容只是时尚传播的一个阶段，而渠道传播将时尚传播的范围拓展开来，使信息从"看"的层面延伸到了"交流"的层次。如果说大众传播还属于传统意义上的内容传播，那新媒体所推动的人际传播则在发挥渠道特长的同时，兼容了内容传播。新媒体的迅速发展不仅加深了内容的含义，还拓展了传播的渠道，改变了传播的形式，使过去内容传播为主的垄断局面被打破，渠道成为传播新的物理介质。

以网络为载体的信息时代使信息传播达到了空前的速度与频度。视觉信息铺天盖地地涌向受众，渗透到人们生活的每个角落。同时，因为网络与手机的出现，信息传递从大众传播媒介开始与人际传播合媒，时尚传播向纵深发展。大众媒体以广告为主要内容传播手段，而新媒体突出的人际传播功能又对大众传播形成了补充，利用各渠道优势整合传播开始受到关注。

新媒体的人际传播主要依靠社交网络，通过 SNS、微博、微信，受众的互动更为频繁，以图像共享和口碑宣传为特点的传播形式也为时尚传播带来了新的契机。在人际传播过程中，传播渠道直接影响到时尚传播的内容与效果。

第二节　平面媒体

一、时尚杂志的消费者定位

时尚杂志广义上是指介绍时尚生活各方面最新动态的出版物，狭义上则主要指那些以女性读者为阅读对象，以时装、化妆、美容等流行趋势为主的杂志。时尚杂志的主要受众为 20—45 岁、有一定文化程度和经济水平的中产阶级女性群体。当然，近些年因为越来越多的男性雅皮士的出现，精英白领对个人形象的关注度提升，或因休闲娱乐需要，男性时尚杂志也呈上升趋势。

相对而言，一本时尚杂志收纳的时尚品牌越高端，其权威性越高。而这样的时尚杂志往往具有图片与文字质量考究、编辑团队专业、时尚嗅觉敏锐、对目标受众的心理诉求把握精准等特点，对时尚品牌，如服装、饰品、鞋帽、家居等的品牌与图片的选择，都体现了这些杂志的特有定位。如《VOGUE》收纳的品牌图片主要服务于主流社会的高端女性。因此其品牌多集中于国际知名品牌，而较少出现大众时尚品牌；而《时尚 COSMOPOLITAN》主要走清新路线，以年轻女白领和在校大学生为主要受众群。

中国时尚传媒集团旗下就有十余本杂志：《时尚芭莎》、《男人装》、《时尚 COSMOPOLITAN》、《时尚先生》、《时尚家居》、《时尚旅游》、《时尚健康·女士》、《时尚健康·男士》、《时尚芭莎·男士》、《时尚时间》、

《时尚座驾》、《时尚·新娘》等。❶加上其他公司发行的《VOGUE》、《瑞丽》，女性时尚杂志基本占主流。

时尚杂志的受众大多受过高等教育，收入较高、个性前卫并懂得享受生活。时尚杂志扮演对这部分人群产生影响力的意见领袖的角色，引导和定义时尚潮流、引导时尚理念和生活态度，传递人文观念，与最新的普遍流行的时尚价值观和时尚品位保持一致。

二、平面媒体的传播优势

时尚杂志是时尚品牌重要的宣传阵地。其权威性和专业性在业界也为人所称道。在杂志上产品以图片的形式宣传推广，人、物与景的结合使摄影效果的空间感与画面感更强，兼具叙事性和艺术性。自从电视、互联网等立体媒体问世以来，平面媒体就一直受到来自网络媒体的强大挑战，广告份额日益减少，媒介影响力越来越弱化。但在时尚传播领域，平面媒体却一直保持着不可替代的地位。这可能得益于时尚杂志的以下特点：

1. 定位明确

时尚杂志，无论刊物名称还是内容，其鲜明的定位，便于目标客户群快速选择与捕捉。如中国时尚传媒集团旗下共有十几种刊物，分工之具体、定位之明确可见一斑。

2. 渠道构建和产品制作成本低

与电视台、网站不同，报纸杂志的传播渠道不需要特定的硬件设备。只要一本杂志，各大品牌的信息就可以尽收眼底。而且因其以图片为主，生产成本比视频制作成本低得多。

---

❶ 时尚传媒集团.百度.http://baike.soso.com/v8928849.htm.

3. 长久的视觉重复、洗脑过程

时尚杂志最大的特点，每期（半月刊、月刊或双月刊）封面锁定一个或几个视觉形象（人物或事物的图片）。摆放在路边报亭的杂志不断对过路者形成视觉冲击，这样的记忆重复与强化过程，无异于对每位路人的洗脑。重复的记忆加深了对封面人物的印象。

4. 保存信息持久，说服性强

时尚杂志是印刷品，可以持久保存，便于反复阅读。同时这一特点决定了平面媒体可以传播较为复杂的信息，在提供图片的同时，可以提供详细的说明性材料，展开深度说服。

5. 可信度高

报纸杂志是历史最悠久的传播媒介。现在发行量大的刊物，大多是经过多年洗礼沉淀存活下来的信誉较好的刊物，并有固定的、分类明确的读者。这些刊物长期积累起来的声誉，使刊物本身具有了一定的可信度和权威性。被这份杂志推荐的模特、品牌或潮流，在短时间内就会受到全球从业界到大众的关注，其中不乏一夜成名的例子。

三、时尚杂志的资深地位

对时尚品牌来说，最主要的、影响最大的平面媒体是时尚杂志。1988 年，法国桦榭菲力柏契出版集团与上海译文出版社联手推出《世界时装之苑——ELLE》，开创了中国时尚杂志的先河。而出版被称为"全球最领先时尚杂志"《VOGUE》的美国康泰纳仕公司则联手人民画报社，于 2005 年 9 月在中国市场强势推出《VOGUE·服饰与美容》杂志。时尚杂志以其华美亮丽的封面、优质高档的印刷以及紧贴生活潮流的内容，获得了广大中国读者尤其是年轻人的青睐。[1]

时尚杂志作为读图文本，在视觉传播时代，相对于以文字为主要传播内容的文学类、信息类的杂志，几乎成为最具视觉吸引力的平面媒体种类。同时时尚杂志对时尚行业也具有重要而权威的评判、引导与影响作用。

与电视剧、电视节目等依靠视频传播的习惯不同，时尚品牌通过独立或连续的静态图像，就可以完成其吸引受众、引起关注、形成欣赏的过程。

全球各地的时尚主编，从《VOGUE》到《时尚芭莎》，都在时尚领域有多年的从业经验，几十年如一日致力于一本杂志的运营，熟知受众的口味，并拥有稳定、忠实的读者群。她们都曾成功操作过数不胜数的品牌、设计师、模特的推介案例，手中掌握着众多的人脉和资源。时装设计师、模特在 T 台的第一次亮相，也许不足以让他们在业界声名大噪，但时尚主编们的首肯与青睐，以及时尚杂志的推介，却可以使他们一夜成名，并被贴上业界专家认可的标签，从而在时尚圈占据一席之地。时尚杂志已经存在了半个多世纪，有了一套成熟的时尚品牌推广和运营模式，并已和时尚领域各大主流品牌形成了你中有我、我中有你的密不可分的互存关系。

但是，目前中国的时尚杂志对中国服饰文化和国产自主品牌的推动力还有待提升。一部分原因是部分中国自主品牌的传播意愿不强烈，还有一部分原因是，过去二十年，为了尽快减小与国际传媒界的差距，国内大型时尚杂志与国外媒体合作或直接向国外购买版权的居多，导致时尚杂志的自生能力较弱。比如国内主流的时尚杂志《VOGUE》、《时尚芭莎》、《男人装》皆与国外合作，从运作方式、盈利方式到定位等都受到国外合作方的限制。

值得欣喜的是，本土的原生时尚杂志也在不断涌现之中。部分省市的服装行业协会会刊都有意识地承担起本土品牌宣传的重任。比如《时尚北京》（图

---

[1] 苏宏元.电视媒体与时尚文化——试析中国电视的时尚化［J］.现代传播，2011（6）：65–69.

7-1），● 其由北京市政府、北京市经济和信息化委员会、北京服装纺织行业协会主办，立足北京国际化都市地位，发挥北京时尚产业优势，在宣传本土品牌方面作了诸多尝试。该杂志从 2016 年起主办北京国际时装周，影响力逐年递增。

图 7-1 《时尚北京》2017 年 4 月号封面

四、平面媒体的新媒体拓展

时尚杂志是时尚传播历史最悠久的媒介之一，但在电视、网络的夹击下，仅仅固守纸媒，最终将扼杀自己的生存空间。面对挑战，众多传统的时尚杂志与网络相结合，或创建自己的 e 杂志，拓展功能，走上产业链发展的道路。中国时尚传媒集团利用 16 种刊物的优势，建立了"时尚网"（www.trends.com.cn），即时、全面地延伸报道时尚圈动态，以时装、美容、人物、生活消费类内容为核

● 时尚北京.豆丁网，2017 年 4 月.http://www.docin.com/p-1888678455.html.

心，发布品牌新品信息，同时拥有品牌库和品牌搜索，已积累了超过 200 万的注册网友。时尚传媒集团另一个定位于高端品牌消费和高品质生活的"YOKA 时尚网"（www.yoka.com）截至 2008 年 8 月，已拥有 110 万高端会员用户，每天独立访客峰值超过 80 万人，每天页面浏览量峰值超过 1500 万。❶

随着科技的提升和新媒体的普及，时尚杂志与新媒体的合作将会进一步加深，从而形成互相依存的关系。

第三节　电视

美国政治家布热津斯基认为："电视使年轻的观众对外部世界投以最初的一瞥。它最初界定了幸福生活的含义，确定了人们所认为的成就、忠于职守、时尚品位和正当行为的标准。"❷ 毋庸置疑，电视所代表的视觉媒介在对受众的思想意识和价值认同形成机制上有重要的意义。

在如今的视觉时代，视觉图像已经逐步成为人们获取信息的主要方式之一。在现代传播科技的作用下，传播内容日益转向以视觉为中心，特别是以影像为中心的传播形态。电视是国际一线时尚品牌的重要宣传阵地。

一、电视的传播优势

电视是以人文为核心的集中播控平台，具有以下传播特征：

1. 权威性高

在中国大陆，电视台不得私人经营，政府管理和监督下的各层级电视台对质

---

❶ 时尚传媒集团.百度网.http://baike.soso.com/v8928849.htm.
❷ 布热津斯基著，潘嘉玢，刘瑞祥译.大失控与大混乱［M］.北京：中国社会科学出版社，1995.

量把关较为严格，电视广告的准入门槛高、审查严，另外收视率好的节目的广告费高昂。这些令一些无名品牌望尘莫及。无形中，品牌在电视上的投放，带有一定的质量可靠、实力雄厚的深层含义。这些都使电视在时尚传播中具有独特的优势。在稀缺资源的平台传播品牌形象，符合人们关于主流社会、权威发布、高端品质的社会诉求，更容易产生信任感与好感。这种特有的影响力，是其他媒介所无法替代的。

2. 黄金档的"吸睛效果"

电视黄金频道的黄金时段的节目，覆盖率与关注度之高也是其他媒介无法超越的。每年的央视春晚，瞬间全国关注达数亿人。在奥运会、世锦赛和世界杯比赛中，耐克、阿迪这样的时尚运动品牌从不缺席赞助商的行列。像温网公开赛这样的知名网球赛事，奔驰厂商的赞助也在常例。时尚品牌聚焦这类活动多是看重其高收视率和瞬间的"吸睛效果"。

3. 多样化的呈现方式

电视的发展历史久，对视频类节目的策划、研发、制作和运作能力较强。在几十年的发展中，也摸索出较为完整全面的栏目形式，从新闻、纪录片、脱口秀、综艺、晚会，到电视剧和电影等，各种形式的栏目在电视中都被呈现出来。多样化的形式，给了时尚信息更多的输出通道和呈现方式。

二、电视的视觉表征

在传播过程中，影像化的信息更易于接受，更易于记忆，满足着人们的可视性需求和视觉快感欲望。相对于其他媒介，电视以动态影像传播为主要内容，真实性更强、视觉冲击力更强。

1. 电视的动态呈现

（1）视觉镜面可视性强。电视是最能展现镜面传播优势与魅力的一种体裁。在视觉文化时代，重视电视画面的表现力，恰当地运用视觉语言，提升电视画面美感度和信息量，增强画面的可视性，显得尤为重要。镜面是电视传播语言的基本构成，画面是电视传播语言的基本方式，画面的构图、镜头的运用，对表明主题活动的特征具有很强的概括力。

（2）电视的镜面生动丰富、画面流畅，可以多维度表达。电视广告或宣传片通常时间都比较短，需要大量景别不同和角度不同的画面，通过生动流畅的手法剪辑在一起，围绕中心突出品牌特征。例如迪奥真我系列香水广告（图7-2）。❶

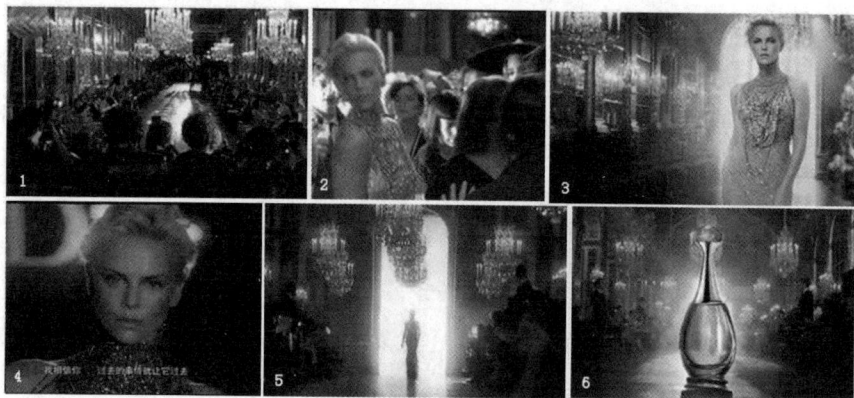

图 7-2　迪奥真我香水广告

电视利用连续动态画面，流畅地表现了一个完整的场景：

远景镜头：大厅内，几百位贵宾聚集一堂等待主角的出现，制造悬念、烘托氛围。

中景镜头：女主角查理兹·塞隆从拥挤的人群中匆匆穿过，向舞台走去，拉长了观众期待的过程。

近景镜头：女主角的全身镜头，即将闪亮登场。

特写镜头：舞台上女主角冷酷、妩媚的表情。

---

❶ 视频：【CinZone】迪奥真我系列香水广告.优酷网，2011.http：//v.youku.com/v_show/id_XMzAxNDMzODg0.html.

远景镜头：女主角缓缓向大门外走去，预示光明的未来，广告也将结束。

特写镜头：女主角的化身真我香水在画面的最后出现。

丰富的镜头和生动流畅的切换，极富感染力和冲击力。拥挤的人群，女主角姗姗来迟，又匆匆向舞台走去，使悬念迭起。为烘托品牌主题，画面始终以金色为背景色，视觉效果强烈，给观众留下心理震撼。

（3）电视镜面的细节表现力强。通过捕捉细节抓住典型环境中的典型细节，增强电视画面的真实性，深化画面的主题，使现场的气氛表现得更加浓烈。

同时，利用特写镜头刻画人物内心世界，产生冲击力和感染力。特写是表现人的头像或某些被拍摄物体细部、视距最近的画面。它能将事物最有价值的部分放大展示给观众。比如，人物面貌特写，通过人物表情的细微变化，揭示模特或明星的思想感情，从而打动观众的心。而背景会起到隐喻、暗示、强调的作用。人物特写与背景的巧妙结合，能够进一步烘托主题，强化品牌的形象。

（4）突出瞬间亮点。这一点在平面媒体是很难做到的。因为杂志的阅读速度是由读者控制的，因此连续的画面持续时间几乎很难由传播者操控。而电视画面的动态呈现是由编辑在播放前期设计并制作的，对受众的阅读频率、节奏、快慢是有预期的。因此在整个画面的播放过程中，可以将设计的某一亮点突出放大。亮点就是在事件发展过程中能够吸引人的地方，也可以称为兴趣点或震撼点，这个亮点，不是猎奇而是赋予一定的思想和意义，它能给人心灵长久的记忆和影响。瞬间亮点镜头的组接往往会起到意想不到的传播效果。

2. 电视的剧情化表现

电视从二维空间转向多维的视听空间，电视广告既传承了原先平面广告的高端风格，又充分利用了影视媒介的丰富性，将奢侈品的修辞幻象演绎到了极致。"使人扰乱和惊骇的，不是物，而是对物的意见和幻象。"德国哲学家卡西尔将人定义成"符号的动物"。❶如今，商品的第一特性使用价值在奢侈品广告中被大

---

❶ 卡西尔.百度百科.http://baike.baidu.com/view/85543.htm.

大弱化，而其符号价值被放大凸显。通过电视，奢侈品的广告已经将品牌的符号意义演绎得如火如荼，正如罗兰·巴尔特所说：激起欲望的是名而不是物，卖的不是梦想而是意义。❶

电视引入了更多视觉元素，其剧情化的表现形式使传播的内容更感性。电视中的广告可以进行情景性再现和故事性叙述，能够有效地引起受众注意，并产生感染力。由于广告是传播者推介给受众，而非受众自愿接受，因此电视画面力求增强情景性，使观众忘却自己所处的是视觉说服环境，从而减少排斥心理。同时，电视兼容听觉、视觉，音乐、色彩和镜头的配合，情境感更强，可以给受众留下深刻印象。

三、电视广告

电视广告在时尚传播中的主要作用是通过塑造时尚品牌实现商业价值，而且因为电视所具有的极高的权威性和广泛的覆盖率，使其品牌影响力凸显。尤其在塑造时尚品牌方面，热门电视频道的黄金时段广告使时尚品牌带有一定的官方发布、权威认可的意味。这是互联网所不具备的特有优势。

福建晋江的服装产业就曾得益于电视广告。因为在 CCTV 黄金时段的高投入，在最短的时间内产生了高回报。许多原本默默无闻的服装品牌在短短的几个月时间，就成了耳熟能详的服装品牌。2004 年起，福建共有 20 多家企业与央视合作，在 CCTV 1 每晚《新闻联播》、《焦点访谈》前后的黄金招标段竞相投放广告。其中利郎、七匹狼、柒牌、劲霸等都是借助招标段这一中国名牌企业"龙门榜"，从南方市场扩展到了全国。❷

为了达到理想的宣传效果，有的品牌刻意表现与竞争对手的差异，拉开彼

---

❶ 罗兰·巴尔特.形象的修辞［M］.北京：中国人民大学出版社，2005：36–52.
❷ "福建模式"光环下的服装电视广告忧思［J］.中国制衣，2006（12）：48.

此认知上的距离，从而让受众更清晰地识别自己，并记住自己。2006 年世界杯期间，劲霸男装以高密度的电视广告语"入选巴黎卢浮宫的中国男装品牌"引发了很大的争议：靠擦边球，靠小题大做和制造概念来放大品牌的价值虽然有点出位，但宣传效果却出其不意。"入选巴黎卢浮宫的中国男装品牌"这一品牌宣传点，给出身福建泉州的劲霸以全球定位，起到了非常不错的品牌提升价值。劲霸也是从 2002 年世界杯开始为中国大众所知晓，成为全国品牌。那届世界杯，劲霸几乎一夜成名。劲霸的品牌形象，在连续六年赞助 CCTV 5 拳王争霸赛实现品牌知名度之后，开始走世界杯营销路线，持续积累品牌资产，以力量、品质赢得了男性消费者的认同。这届世界杯上，劲霸无疑是传播效果极佳的品牌之一，这来源于它在投放上选择了与其品牌内涵极其吻合的体育赛事。❶在一个个充满动感的电视画面的播放过程中，品牌形象被深深植入男性观众心中。

但值得一提的是，电视广告毕竟也有它的局限性。电视广告的硬推式传播方式使观众处于被动接受的状态，使广告的接受度降低，一定程度上影响了传播效果。

四、电视时尚节目状况

时尚专栏节目也是重要的时尚传播渠道。相对于广告，时尚品牌在节目中的软性植入有更大的发挥空间。

1. 时尚节目历史回顾

与杂志相比，电视引入时尚内容相对较晚。1994 年，北京电视台和广东电视台分别推出了《时尚装苑》和《时尚放送》，一般被认为是国内最早的时尚电视栏目。1997 年，凤凰卫视为海内外华人推出《完全时尚手册》，于此前后相继出现了 CCTV 4 的《东方时尚》、云南卫视的《时尚》、湖南卫视的《亚洲时尚中心》和江苏有线电视台的《今日风行》（后更名为《流行东西》）等。这些

---

❶ "福建模式"光环下的服装电视广告忧思［J］.中国制衣，2006（12）：48.

早期的时尚栏目以传播时尚信息为主。世纪之交，国内各大电视台纷纷推出了电视时尚栏目，诸如北京有线生活频道的《魅力2000》、上海有线的《美丽传真》、浙江有线的《时尚》、江苏卫视的《现在流行》、深圳电视台的《时尚魅影》、中央电视台和广西卫视的《时尚中国》、旅游卫视的《第一时尚》和《美丽俏佳人》等。近几年来，由台湾TVBS电视台播出的蓝心湄主持的以美容时尚为主题的谈话类综艺节目《女人我最大》风靡中国大陆，《时尚芭莎》与旅游卫视携手推出《BAZAAR必须时尚》和《BAZAAR绝对时尚》。上海电视台生活时尚频道正式成立星尚传媒（2009年6月），凤凰卫视于2010年对《完全时尚手册》予以大幅度的改版等，引发了新一轮中国电视的时尚风潮。●

2. 时尚栏目纵览

时尚节目可以影响观众对时尚的理解和对时尚品牌的感知与喜爱。它提供的差异化的、多样的时尚节目可以弥补广告的单一性和强加于人的印象，使观众在赏心悦目的环境中慢慢体会时尚。

目前国内时尚栏目多，但专门的时尚频道少，影响力较大的是中央电视台付费频道《女性时尚》频道，这是一个以女性与时尚为主题的数字电视频道，致力于打造全新的时尚概念，突出女性的时代感，引领大众的时尚生活态度和品位。这个频道锁定25—50岁的女性时尚消费人群，主要看重的是这个人群具有一定的购买力，是时尚潮流的追捧者和引领者。该频道每天从早8点到凌晨1点共播出17小时，节目分"女性"类节目和"时尚"类节目两部分，既有央视原创的女性时尚节目，也有独家的境外引进节目。其自办节目包括《东方新时尚》、《Fashion精选》与《时尚秀场》、《风格汇》和专为精英男士打造的《高峰品位》。

中央电视台其他频道节目，如CCTV 2的《购时尚》、CCTV 6的《创意星空》等收视率都较好。《创意星空》是以年轻人的服装设计为主题的真人秀节目，

● 苏宏元.电视媒体与时尚文化——试析中国电视的时尚化[J].现代传播，2011（6）：65–69.

整个播出季在年轻人和学生中引起不小的反响。图 7-3 为其第三季（2012 年）冠军王华的作品。该作品选材自电影《黑天鹅》，设计利用缂丝和堆绫绣两种中国比较传统的工艺，把它们融为一体，产生一种仙境的感觉，碰撞感非常强。❶

图 7-3　CCTV 6 的《创意星空》第三季

　　各地方电视台在时尚节目方面也作了很多贡献。如北京电视台《时尚装苑》栏目 1994 年就已创办，在时尚传播和时尚引导方面已积累了多年的经验，培养了大批优秀的时尚传播制作和编导人员。该栏目开办过的版块包括《时尚焦点》、《时尚造型》、《时尚资讯》、《街头派送》、《单身爱美丽》、《明星 T 台秀》等，几乎对各种电视时尚节目形态都作了尝试（图 7-4）。

---

❶ 黄梦瑶.冠军王华创意盛典秀.Vogue 网，2012 年 3 月 6 日.http://www.vogue.com.cn/fashion/china/news_114g3c54680afb72.html.

图 7-4　《街头派送》节目画面

其他卫视和地方电视台也都推出了各类较有影响力的时尚节目，在全国和区域范围内带动了时尚潮流，产生了重要的影响。

3. 时尚节目的收视难题

目前中国电视时尚节目面临不少难题，主要有以下两点：

（1）电视收视群分流严重。网民范围不断扩大，使电视的收视群严重分流，这个趋势对电视的收视率造成了巨大的冲击。时尚节目的主要受众群集中在 80 后和 90 后，这部分人群以网民居多，工作之余更喜欢上网获取时尚信息，而电视的吸引力越来越小。这也是为什么时尚节目收视率历经 20 世纪 90 年代和 21 世纪初的顶峰后，开始逐渐呈现阶段性下降趋势的原因。

（2）时尚类节目比较小众。随着时尚节目的主力军 80 后和 90 后向网络的分流，电视时尚节目的收视率不断走低。老的时尚节目已经另受众审美疲劳，而新的时尚节目形式还没有明显的引爆点，这使时尚节目处在较为尴尬的境地。

这样的现象在全国有一定的普遍性，甚至在国外也类似。目前，除了法国的时尚频道一直保持较强的影响力之外，其他各国都还未出现有影响力的时尚频道。时尚类节目也有被边缘化的倾向。在美国，时尚频道很少，在 TOP 100 收费频道中（每月 $50），只有 WE TV 一个时尚频道。其他综合频道有轰动效应的时尚节目较少。

除此之外，各台对广告商的限制，使时尚节目在品牌选择和制作时有了更多的局限，这些都使节目的潜力无法得到全面发挥。

4. 时尚节目的潜力分析

（1）新增长点潜力大。目前电视上时尚节目的窘境不仅是电视受众分流带来的难题，还有节目形式老化的原因。寻找创新节目内容，深入挖掘节目内涵，电视仍会带来新的生机。

（2）商业价值高。时尚节目面对的是城市的年轻白领，对时尚品牌来说，商业价值巨大。而且，时尚节目多以时尚品牌为节目内容，不论是显性的还是隐性的展示品牌名称，对时尚潮流的引导作用是显而易见的，所以这类节目对时尚的引导力和推动力不容忽视。

（3）广告单元到达率高。时尚节目内容虽然小众，但定位明确，信息与受众特点高度吻合，单元到达率高、回报率高，精准的投放，将以最有效的资源产生最理想的回报。

电视发布的消息具有权威性、可信度，在时尚发布和品牌塑造方面有其他媒体不可替代的优势。电视利用自己的内容优势，通过与网络平台的合作，会让节目到达更多的目标人群，发挥更大的影响力。

五、电视植入的时尚效应

电视这种二元传递的效应比平面媒体单纯的一元符号传达要饱满得多，传达的信息也更多，二元载体承载的创作者赋予的思想创意也就越多。传达载体成功与被传达者产生共鸣，这样传达过程才是成功的。

电视节目，如偶像剧和真人秀多以都市白领群体为主要人物，其格调轻松活泼，带有浓厚的时尚气息。人物性格的魅力通过电视画面表现时，最直观的便是服饰，服饰协助演员表演完成人物性格完美的演绎，其本身也变成了一种符号传达，跟随塑造的形象传达给观众。同时，当观众沉迷于一档电视节目时，最易被其中的人物造型打动，其服饰风格也随着画面植入观众的内心。这种不受打扰的自然植入的方式，使观众忘却了所处的被说服的环境，更易于使其接受某一品牌。同时因为内容的跌宕起伏，观众的情感关注被充分调动，此时因为对其中人物的喜好，接受其时尚品位，模仿其服饰风格，就在不知不觉中发生了。这样的视觉说服几乎可以说是时尚传播的最高境界。

利用电视节目影响观众对某一时尚风格的喜好，影响其对某一品牌的认知，广告商在电视节目中植入的案例不胜枚举。

2015年，海澜之家赞助湖南卫视综艺节目《爸爸去哪儿》。胡军在接受节目采访时，身着的衬衣都来自海澜之家将于9月份隆重推出的极致单品系列。开售前，海澜之家特地为胡军量身定制，用牛津纺衬衫、摇粒绒外套和羊绒衫三款极致产品为其打造宜佳的造型，给观众留下了深刻的印象。另外，海澜之家还服装赞助了《了不起的挑战》，让六位真人秀明星：撒贝宁、乐嘉、华少、阮经天、岳云鹏、沙溢用各自特有的气质诠释服装的特点。以上节目与海澜之家的品牌理念不谋而合——面向广大普通男性消费者，提供全面尺码、丰富款式和极高性价比的产品，方便消费者舒心选择。正是这份"接地气"使得海澜之家具有稳固庞大的消费者基础。

电视节目和时尚传播就这样互为载体，相互展示着彼此的魅力，服饰增加了电视画面的视觉效果，帮助电视完美地展现人物个性魅力，而电视节目的热播，成为时尚行业最有力的宣传工具。

？思考题：

（1）传统媒体与新媒体有哪些区别？

（2）平面媒体的传播优势有哪些？

（3）平面媒体在时尚传播领域的资深地位表现在哪里？

（4）电视有哪些传播优势？

（5）电视节目有哪些时尚传播的具体形式？请举例。

（6）传统媒体面对新媒体的挑战该如何应对？

第八章 新媒体

新媒体包括互联网、手机、pad、智能服装等。其中互联网包括：各大综合网站、专门性网站（购物网站、时尚网站、品牌类网站）、社交网站、企业专有网站、搜索引擎等。

在过去，受到时间和空间的限制，人与人之间的交往局限在较小的范围内。随着互联网与视频技术的发展，人与人之间的交往突破了时间和空间的限制，交往范围无限地扩大了。无论是身处地球的任何一个地方，只要有网络和视频设备，就可随时随地进行视频沟通和交流。视觉传播消除了时空的限制，提高了人们交往的频率和效率。这种交流模式影响了人们的行为方式和消费习惯。

第一节 新媒体的传播特征

网络深化了内容传播，从视觉传播角度，其集平面媒体与电视功能于一身，将语言、文字、声音、图像和影像等进行有机的结合，使视觉信息的表现手段和范围得到了更大的拓展，形成了综合性强、涵盖全部感官的全面表达方式。借助多媒体技术，图片、视频可以在网上大范围流传。同时在数字技术的支撑下，出现了数字化虚拟影像，视觉艺术与信息技术的高度融合，将视觉传播推向了新的高度。

一、新媒体的传播优势

新媒体因对静态图片与动态影像的兼容能力，使其在传播中的汇聚作用更加明显。以互联网为代表的新媒体依赖于数字科技，既融合了多种媒体，又融合了虚拟世界和现实。同时，数字媒体具有交互性，摒弃了传统媒体单向性交流的局限，把信息的生产者和消费者紧密联系在一起，使他们共同参与视觉体验。这样的审美体验是多元的、动态的、开放的。具体特征表现在：

1. 兼容各种传播形式，突出强烈的视觉效果

网络的广告或产品陈列基本上是多媒体、超文本格式文件，以图片、视频为主，受众可以亲身体验产品、服务和品牌。这种以图、文、声、像多种形式打包传送的信息，让顾客产生身临其境的感觉，视觉说服效果好。

2. 受众细化、受众数量可统计——推动差异化传播

网络环境下的传播更像是一个微观环境，即一个细分的微细传播环境。因为互联网的用户 IP 地址、信息点击量、评论等都可以在网站后台记录与分析，因此更适于将受众细化，针对目标受众，将信息进行有针对性的发布，使信息的使用效率大大提高。

传播者可以根据潜在顾客需求将网络使用者市场区分为各个不同的子市场，根据以下标准统计：人口统计学变量，统计受众年龄、性别、职业、收入、教育程度等以体现消费者个人特征；心理分析变量，分析社会阶层、生活形态、个性、态度、感觉等以体现消费者心理特征；技术分析变量，分析消费者对品牌的态度、购买能力、购买动机等；行为变量，分析受众追求的价值、商品使用情况、使用量、商标喜爱度等与顾客行为密切联系的变量。

同时，相对于电视通过每户观众收视率收集用户数据，互联网可通过权威公正的外判中央管理系统，精确统计每个广告或品牌信息被多少用户看过，以及这些用户查阅的时间分布和地域分布，这有助于商家正确评估广告效果，审定广告

投放策略。

尤其对于社交网络，因为受众多为注册用户，并有个人资料，网站可以将受众的年龄、职业、收入、兴趣进行统一分类，对目标受众进行一对一的个性化广告投放。除此之外，甚至可以基于对品牌的喜好和兴趣而建立群组，吸引固定的粉丝群。这类网络受众的细分程度更明显，信息传播效率更高。

3. 广泛的连接性——突破空间和时间限制

无论互联网还是手机，其使用打破了时间与地域的限制，随时随地上网，成了它们最大的优势。网络传播使品牌具备了国际化环境，同时因为突破了时间的限制，网络环境下的传播具有全天候不间断运作的特点。

4. 多样化和个性化

因为网络对海量信息的包容性，使其能够多样化和个性化共存。多样化得益于网站的多门类、大容量。个性化得益于新媒体的渠道特点，使受众可以自由选择、提取和观看信息，个性化得以彰显。

5. 互动成为核心特色

新媒体不再是传统媒体自上而下有组织发布的信息平台，传播模式由"广播"变为互相传递式的"互播"，人人都可以成为信息发布中心的自媒体，以微博、博客为代表的网络交互平台更是将去中心化色彩展现得淋漓尽致。传统媒体在话语权上的优势地位受到挑战，开始尝试与网络共存共生。

二、新媒体的传播劣势

1. 网络的权威性和可信度还有待提升

因为网络的虚拟性和信息发布的自发性，使大多数用户身份和信息来源难以考证。为了打造人气，雇用"水军"发灌水帖和评论制造舆论的行为，令其可靠性和可信度受到质疑。

2. 网络视频节目自创能力较弱

目前视频网络主要以电视节目的延伸和网民自行上传的内容为主，网站自主制作的节目较少，种类单一，知名度不高。像优酷、乐视、酷6、爱奇异等视频网站，多为电视节目的重播渠道，网站自行创作制造的视频节目还有待挖掘。

3. 信息到达率低

中央、省、地、县四级电视台总数近千个，相对而言，在我国网站数量已高达191.9万个。[1] 就某一网站或网络的广告而言，其平均收视率相对较低。但随着中国的新浪、搜狐等门户网站知名度越来越高，受众的关注度也随之增高，网络到达率低的劣势正被知名网站的高收视率和高关注度所抵消。

4. 网络媒体广告的被动性

与电视的嵌入式广告不同，网站多为拖拉式广告。受众对不感兴趣的广告可以随时点击关闭，许多广告几乎"见光死"。部分门户网站在首页专辟了广告展示区，使进入该网站的用户第一眼就看到这些广告。但相对而言，由于版面局限，每次能惠及到的广告太少，广告发展空间受限。部分视频网站，在重播部分电视节目时也加入了嵌入式广告，在一定程度上抵消了网络媒体的被动性。

第二节　新媒体的广告

时尚品牌的网络广告业是贡献率较高的一种时尚传播形式。互联网利用高科技，兼容各种信息传播形式，如语言、文字、声音、图像和影像等，形成了全新的传播态势。

中国广告杂志社社长张惠辛曾说："我们正置身整个中国品牌营销传播发生转型的大背景下。这个转型的一个重要标志，是广告的话语开始挣脱广告行业狭

---

[1] 郐明.广告学原理与视觉传播［M］.上海：文汇出版社，2008：179.

隘的视野，而成为广告公司、广告主与媒体共同的一个话语平台。同时，品牌的营销传播也开始挣脱广告的狭隘空间。我们以前总是认为做品牌、做传播就一定是在做广告，就是广告的事情，现在看来，时尚传播的概念开始全面突破广告的制约。"❶ 美国传播学家沃纳·赛佛林也认为："目前，广告业正处于一个变化阶段，其主要原因是媒介环境发生了巨大变化。"❷

一、新媒体广告现状

艾瑞咨询调查显示，仅 2016 年第二季度中国网络广告市场规模达 671.6 亿元，环比增长率为 27.2%，与上一年同期相比增长 34.5%。❸ 相对于"电视广告的增长率每年在 15%—20%"，网络广告的增长速度明显超过电视等传统媒体。❹

艾瑞咨询根据网络广告监测系统 iAdTracker 的最新数据研究发现，2017 年 7 月，服饰品牌网络广告总投放费用达 2803 万元。该数据是 2017 年 7 月艾瑞网所做的中国两百多家主流媒体网站的品牌图形广告投资的日监测数据统计。其中，门户网站投放费用达 1437 万元，占总投放费用的 51.3%；时尚网站投放费用达 384 万元，占总投放费用的 13.7%；视频网站投放费用达 367 万元，占总投放费用的 13.1%，三者合计占总投放费用的 78.1%（图 8-1）。❺ 从数据上分析，门户网站和时尚网站是服饰类品牌网络广告主首选的投放媒体。

---

❶ 张惠辛.超广告传播：品牌营销传播的新革命［M］.上海：东方出版中心，2007：前言.
❷ 沃纳·赛佛林等.传播理论：起源、方法与应用［M］.北京：华夏出版社，2000：11.
❸ 艾瑞：2016Q2 网络广告收入超 670 亿，数据驱动广告价值提升.艾瑞网，2016 年 9 月 9 日.http://report.iresearch.cn/content/2016/09/263705.shtml.
❹ 陈园园.电视媒体推定向广告 逆袭网络广告.艾瑞网，2013 年 3 月 27 日.http://a.iresearch.cn/bm/20130327/195972.shtml.
❺ 艾瑞：2017 年 7 月服饰品牌网络广告投放数据.艾瑞网，2017 年 8 月 16 日.http://report.iresearch.cn/content/2017/08/269921.shtml.

排名	行业	投放预估费用		排名变化
		万元		
1	门户网站	1437		→
2	时尚网站	384		↑
3	视频网站	367		→
4	微博媒体	356		↓
5	汽车网站	114		↑
6	社区网站	29		↑
7	亲子母婴	7		↑
8	电商网站	6		↑
9	地方网站	4		→
10	新闻网站	4		↓

Source: iAdTracker, 2017.7, 基于对中国200多家主流网络媒体品牌图形广告投放的日监测数据统计，不含文字链及部分定向类广告，费用为预估值。

声明：以上数据为艾瑞通过iAdTracker即时网络媒体监测估算得到，历史费用数据可能产生波动，如有差异请以iAdTracker系统作为参考使用。艾瑞不为发布以上的数据承担法律责任。

©2017.8 iResearch Inc.   www.iresearch.com.cn

图 8-1　iAdTracker 2017 年 7 月服饰品牌网络广告投放媒体类别排行

从下图网络广告预估费排行看，耐克投放费用达 1142 万元，位居第一；三兴集团投放费用达 352 万元，位居第二；优衣库投放费用达 266 万元，位居第三（图 8-2）。[1]

排名	行业	投放预估费用		排名变化
		万元		
1	耐克	1142		→
2	三兴集团	352		↑
3	优衣库	266		↓
4	LVMH集团	160		↑
5	乔丹	117		→
6	阿迪达斯	99		↓
7	LUISAVIAROMA	51		↑
8	Awei量身定制	36		→
9	匹克集团	35		↑
10	海派婚纱	34		↑

Source: iAdTracker, 2017.7, 基于对中国200多家主流网络媒体品牌图形广告投放的日监测数据统计，不含文字链及部分定向类广告，费用为预估值。

声明：以上数据为艾瑞通过iAdTracker即时网络媒体监测估算得到，历史费用数据可能产生波动，如有差异请以iAdTracker系统作为参考使用。艾瑞不为发布以上的数据承担法律责任。

©2017.8 iResearch Inc.   www.iresearch.com.cn

图 8-2　iAdTracker 2017 年 7 月服饰品牌网络广告投放排行

---

[1] 艾瑞：2017 年 7 月服饰品牌网络广告投放数据.艾瑞网，2017 年 8 月 16 日.http：//report.iresearch.cn/content/2017/08/269921.shtml.

从图8-2可以看出，中国自主品牌的网络广告投放量明显低于国外名牌，这反映了目前国内外品牌在国际化战略布局中的差异。国产品牌打造国际知名品牌的过程中，主动传播的意识有待加强。

二、新媒体广告的传播特征

1. 精准差异化投放

传统的电视广告投放，是根据观众流理论分析产品的目标受众。基于对这些目标受众的生活形态、沟通方式、沟通渠道和沟通内容的分析与预测，然后根据电视台或电视栏目的收视率购买广告时间，15秒、30秒、标版，企业往往花费巨额广告费。

新媒体相对于传统媒体的一大特点是对受众更细化的区分与识别。基于客户数据与资料的分析，网络广告可以进行更精准的投放，既节省成本，又能提高传播效率，使广告信息更有效地到达目标受众。在进行新媒体推广时，品牌通常根据自身的特质来选择合适的推广方式。在合适的渠道将信息输送给合适的人，这一点是新媒体发挥特长的根本所在。新媒体推广并不在于投入资金的多少、是否邀请了重量级的嘉宾参与其中，而在于信息是否以最为恰当的方式被目标人群所接受。虽然网络广告的制作成本不逊于电视广告，但因为广告投放效率的提升，单元用户的广告投放成本降低了。

2. 个性化

信息与移动网络，如3G手机客户端的整合，催生出受众个性化的信息定制与智能选择。客户端推出了满足不同个体需要的个性定制的视频包、商品信息包，针对用户的个性定制，嵌入相关广告，针对性更强。

3. 一体化

随着新媒体与传统媒体的融合，出现了电子杂志、网络电视等，网络广告也衍进为品牌信息、产品展示体验、电子商务的一体化。将广告观看与网络购买合二为一，既方便了用户，又开拓了产品的商业空间。这个过程实现了传播与营销的紧密结合。

4. 人际传播

罗素（J. Thomas Russell）和莱恩（W. Ronald Lane）在《Klppner广告教程》中曾说："未来的广告和传播的标志是消费者参与程度更高、控制力更强，广告和传播由单向传播向双向沟通转变。"❶北京大学的陈刚教授则提出"后广告"的概念："我们之所以提出后广告的概念，只是为了在受到网络时代各种新的因素不断渗透与影响而不断变化的广告空间里寻找并探索一个新的世界秩序与生存逻辑。网络引发并实现了一次媒体革命，这次革命动因的核心正是'互动'。"❷

人际传播使网络广告的交互性增强。相对于传统媒体，新媒体使人们从线性思考过渡到如今的网状思考模式，使产品信息从一体通用到量身定做，使品牌与受众从单向沟通演变为双向、多向沟通，使商家从实体到虚拟或合二为一，这几乎都是互联网的互动特性所带来的新模式。互动性更会引起受众的兴趣，满足他们的参与感。受众不再仅仅是被动地接收信息，而是拥有更大的选择权。

三、原生广告策略

随着网络社会的发展，网页越来越拥挤，信息提供出现过剩倾向。消费者通常只找寻和自己相关的信息且通过多种渠道寻找资源，而网络广告的探出画面形式，多数情况下会被网民认为是打扰而忽略或屏蔽。因此强化网络广告的自身优势，增强网络广告的吸引力和可视性十分必要。这种情况下，原生模式应运而生。

---

❶ J.Thomas Russell & W.Ronald Lane, Klppner.Advertising Procedure［M］.北京：清华大学出版社，2003：24.

❷ 陈刚.新媒体与广告［M］.北京：中国轻工业出版社，2002：23–24.

原生广告不再需要占用特定的广告位，它们大多以信息流的形式或嵌入式等融入手机屏幕，与文字、图像内容融为一体，在不打断受众体验的情况下，自然地进入受众的视野，赢取消费者信任且试图转嫁至对品牌的信任。

Solve Media 给出的定义是："原生广告是指一种通过在信息流里发布具有相关性的内容产生价值，提升用户体验的特定商业模式。" IDEAinside 给出的定义是：原生广告通过和谐的内容呈现品牌信息，不破坏用户的体验，为用户提供有价值的信息。❶

IDEAinside 总结了原生广告的以下几个特点：

（1）内容的价值性：原生广告为受众提供的是有价值、有意义的内容，而不是单纯的广告信息，该信息能够为用户提供满足其生活形态、生活方式的信息。❷

（2）内容的原生性：内容的植入和呈现不破坏页面本身的和谐，不会为了抢占消费者的注意力而突兀呈现，破坏画面的和谐性。

（3）用户的主动性：用户乐于阅读、乐于分享、乐于参与其中。不是单纯的"到我为止"的广告传播，而是每个用户都可能成为扩散点的互动分享式传播。❸

结合了平台特征、用户和视觉体验、内容环境之后，广告设计者刻意对内容进行修饰，其特色是自然和不易察觉。

原生广告分为：手机导航和搜索类、视频类、应用开机＆主题表情类、Banner 原生广告类和 Feeds 信息流等。Feeds 信息流就是在 Facebook、新浪微博、微信广告等的信息流中插入广告（图8-3）。❹

❶曹芳华.聚合营销：网络整合营销传播策略［M］.北京：人民邮电出版社，2001.

❷曹芳华.网络为王：网络时代的品牌建设策略［M］.厦门：厦门大学出版社，2010.

❸曹芳华.2.0营销传播［M］.厦门：厦门大学出版社，2009.

❹10个案例告诉你，什么是移动原生广告.搜狐网，2016年8月9日.http://www.sohu.com/a/109714559_471573.

图 8-3　Feeds 信息流广告

四、网络广告的病毒式传播

网络的快速、传播范围广、突发性强等特点推动了网络视频的病毒式传播。而且病毒营销与电视广告不同，电视广告的制作成本高，而网络视频的制作成本则低很多，其流行不是依靠精良制作，而来自创意，重在提高品牌认知度。

这些年，随着互联网用户越来越成为消费主力，越来越多的品牌进入视频媒体。甚至将自身的资源优势与网络视频的传播优势相结合，利用精美而富有创意的品牌视频打动网络受众，引起了不少关注。在 YouTube 上播放视频的时尚品牌家数，已经从去年的 25 家增长到 39 家。YouTube 点击率最高的前十大时尚品牌视频，均已经超过了 100 万的点击量，排名第一的是 Alexander McQueen 2010

春夏时装发布会（340万次），C罗为阿玛尼拍摄的广告《客房打扫》（280万次）紧随其后。❶

在中国，病毒视频广告也越来越多，不少公司开始用病毒视频展示自己。重视年轻消费者的大公司们对病毒视频最感兴趣。这些公司通常具备下面这些特点：品牌本身足够强大，重视创意，深谙流行密码。美特斯·邦威、拜丽德、森马等企业早在2006年便纷纷与腾讯公司亲密合作，逐步推广"3D"QQ秀。美邦力邀品牌代言人周杰伦拍摄各种与当下新闻事件相关的宣传片，如奥运会、世界杯等，在网络上被目标消费者广泛传播；同时，美邦还选择了年轻时尚人群为主体的平台"劲舞团"，这款网络游戏同时在线人数高达几十万人，而游戏中所展示的立体服装，让消费者能够想象出自己穿上该款服装的效果。❷

第三节　社交网络概况

社交网络是新媒体发展最快的一种形式，因为其极强的人际互动性，将新媒体的传播优势充分释放出来，成为众多商家青睐的传播形式。

一、六度分隔理论

1967年，美国哈佛大学的心理学教授米格兰姆（Stanley Milgram）曾提出社会学中的六度分隔（Six Degrees）理论，即任何一个人和另一个陌生人之间所间隔的人不会超过六个，也就是说，最多通过六个人就能够认识任何一个陌生人，

---

❶ 时尚品牌跳出传统媒体，奢侈品牌爱上"数字".中国服装网，2011年11月3日.http：//www.efu.com.cn/data/2011/2011-11-03/406123.shtml.

❷ 时尚品牌跳出传统媒体，奢侈品牌爱上"数字".中国服装网，2011年11月3日.http：//www.efu.com.cn/data/2011/2011-11-03/406123.shtml.

即以认识朋友的朋友为基础，扩展自己的人脉。❶

起初，网络世界因为过度的虚拟化，和商业社会所要求的信用与信任隔着一条鸿沟。但通过六度分隔产生的聚合，熟人之间产生了一个可信任的网络，将虚拟的网络世界与现实世界相结合，这其中的商业价值不可估量。

交友只是社交网络的一个开端。六度分隔理论只体现了社交网络的早期概念化阶段，即结交陌生人阶段。随着社交网络的功能日益完善，交友向娱乐化阶段推进，社交网络是通过 My Space 创造的丰富的多媒体个性化空间吸引注意力的。如今，社交网络已进入视觉社交阶段，如 Facebook 通过图片或视频共享，复制线下真实人际网络还原到网上，进行低成本管理。Foursquare（一家基于用户地理位置的手机服务网站，手机用户可以分享自己当前所在地理位置等信息）、Tumblr（微博客）、Instagram（手机照片分享应用软件），这些新型的社交媒体正在迅速吸引时尚品牌的注意力。

二、社交网络的概念与分类

社交网络即社交网络服务，源自英文 SNS（Social Network Service），即为社会性网络服务或社会化网络服务。社交网络源于网络社交，包括硬件、软件、服务及应用。网络社交的起点是电子邮件，BBS 则把"群发"和"转发"常态化，实现了向所有人发布信息并讨论话题的功能。

随着数字科技的进步，网络社交向社交网络过渡，互联网的信息与视频共享成为网络应用的新趋势。以 Facebook 和 Twitter 网站为代表的社交网络（SNS）成为网络社交的新样本和主流。社交网络作为大众信息共享的社交平台，每天都传输着大量的网络用户的共享文件。

目前社交网络主要分为两大体系：

---

❶ 赵春华.时尚传播［M］.北京：中国纺织出版社，2014：152.

1. 独立 SNS（社交网络）

以 Facebook 为版本的社交网络被称为独立 SNS，因为它不同于 SNS 的综合性概念，专指以聚集人为目的的社交型网站。国外类似网站还有 YouTube、Foursqure，国内如微信、腾讯 QQ、人人网、开心网等。

在国内，微信是目前用户增长速度最快的独立 SNS。腾讯公司于 2011 年 1 月推出微信，通过网络发送语音短信、视频、图片和文字进行即时通信。[1] 微信是典型的点对点、点对面的社交工具。因为微信的好友添加是通过手机通讯录和 QQ 账号而非所有公众，因此是较为私密化的聊天工具。微信融合了短信、微博、公共主页的特点，可以支持群聊，也可以从相机照片中提取照片，配以文字瞬间上传，向所有微信好友公开。同时，因为移动即时通信，其手机即时对讲、照片拍摄提取、发布等可以在手机一体化完成，信息传递迅速、灵活而便捷。

从公共传播角度看，社区和公共主页是独立 SNS 两大重要形式。社区主要包括腾讯群空间（QQ 空间）、百度贴吧、天涯等。社区的信息空间可以共享与开放，使信息的流动性大大增强。社区通常有一个主题，有不同级别的社区管理员。开设品牌社区的主体通常分为两个类型：消费者主导型品牌社区和企业主导型品牌社区。前者是由喜爱特定品牌的消费者自发开设的品牌社区，后者由企业开设和主导，对消费者进行公关维护、宣传和营销，以加强消费者忠诚度。而另一种形式，网络公共页面主要在人人网等开设，是管理者利用状态、相册、日志、音乐和视频等功能，展示信息并和关注者互动的一个平台。关注者可以在这个平台上转帖、留言、评论和相互交流。

独立 SNS 的优点主要是模拟真实环境。整个 SNS 发展的过程是循着人们逐渐将线下生活信息通过共享的手段转移到网络上，实现了虚拟世界与现实世界的交叉，使社交网络的虚拟性减弱，可信度增强。网络社交已经开始承担大部分传统社交的作用。实际上，非接触型的社交原本就占据了人类社交的 80% 以上，

---

[1] 赵春华.时尚传播［M］.北京：中国纺织出版社，2014.

这意味着网络社交必然会对传统世界带来巨大的影响。●

但是独立 SNS 在内容积累方面有很大的局限性。这类网站信息被好友关系分割成了一个一个孤立的区块，即使用户数众多的大网站，每个用户真正能够接触到的也只是其中很小一部分，很多信息，如果朋友没有推介，根本看不到。一个 SNS 社区有上千万甚至上亿的用户，但跟自己有关的仅限于几十个好友，剩余的无论 1000 万还是 1 亿用户都与自己无关。

面对在内容积累上的缺陷，独立 SNS 也不是完全没有对策。通常以下几种方法可以跨越区块的分割：

（1）设立公共分享区。如 Facebook、YouTube 的图片和视频的共享功能，几乎打破了以好友为界限的藩篱。这样的区域几乎就是公共社区，任何人都可以在这里发布信息、进行评论、找寻有共同爱好的朋友、添加好友等。

（2）搜索与推荐功能。在独立 SNS 社交网站，搜索也是很强大的功能。人人网在用户注册的页面半强迫式地绑定了"好友搜索"页面，基于用户所填写的单位或学校名称，系统瞬间自动搜索出该信息相关的用户头像和名称，推荐给用户，将搜索与推荐相结合，使该类社交网站的用户活跃度和接触频度大大提升。

（3）设立微博式的公众账号。微信设立了微信公众账号，无论是明星还是品牌或企业，都可以通过公众账号与用户建立联系。只是目前这种公众账号还多局限于账号拥有者推送图片和信息，公众只是被动地接收信息，几乎没有互动。

目前，独立 SNS 发展比较稳定。2004 年上线的 Facebook 如今已是美国排名第一的照片分享站点，Facebook 已突破 8 亿用户，也就是说全球每 8 个人中，大约就有 1 人在这个最大的社交网络上注册过。每天上载 850 万张照片。● 在 2012 全球十大最具价值社交网络排行榜中，Facebook 以 290 亿美元的预计品牌

● 赵春华.时尚传播［M］.北京：中国纺织出版社，2014.
● 赵春华.时尚传播［M］.北京：中国纺织出版社，2014.

价值高居榜首，紧跟其后的是 180 亿美元的 YouTube 和 133 亿美元的 Twitter。这些社交媒体品牌不仅有巨大的访问者数量，还有高度的全球认知度和庞大的平台用户数据。●

2. 综合性 SNS

综合性 SNS 的主要形式是微博、Twitter 和博客，主要目的不是聚人，而表现为以人为连接点的分类信息发布。

（1）微博。微博即微博客（MicroBlog），是一种即时信息传播方式，是一个基于用户关系的信息分享、传播以及获取的平台。微博最直接体现了新媒体的碎片化倾向。其主要特点是公开性与即时性。微博是信息半开放平台，既可以仅与自己的朋友互动，也可以通过"关注"和"搜索"无限拓展人际圈。2006 年 3 月，Twitter 第一个推出微博客，进行即时通信。2009 年 8 月中国门户网站新浪推出新浪微博。●发布者用 140 字发布短消息，面向所有受众，并实现即时分享。微博可以发布图片，企业认证微博可以发布视频。灵活性和互动性强。

（2）博客。博客（Blog）即网络日志，是一种通常由个人管理、不定期张贴新文章的个人网页。博客主要有两种：第一种是个人型博客，即在网络上记录自己日常生活的私人空间。第二种是信息提供型博客，主要用于发表个人对专业知识、社会热点等的观点，并与他人互相交流、共享信息。对品牌推广而言，个人型博客的主要功用在于产生意见领袖或内行，引领和主导受众选择和评判。而"信息提供型博客"因为内容更全面、更连续，组织性更强，因此更利于品牌信息的发布与推广。

就社交网络总体而言，根据艾瑞咨询网民网络行为连续性研究系统 iUserTracker 数据显示，2012 年第三季度社区交友类服务用户规模达到 4.22 亿人，较第二季度保持平稳增长。目前社交服务季度覆盖人数远超新闻资讯类服

● 2012 全球十大最具价值社交网络排行榜.CIO 时代网，2012 年 5 月 18 日.http：//www.ciotimes.com/2012/0518/63669.html.

● 赵春华.时尚传播［M］.北京：中国纺织出版社，2014.

务，与搜索、视频和即时通信三大网络服务相当。艾瑞咨询分析认为，社交作为全球互联网的大趋势之一，在国内已经处于明显的领先地位，其增长趋势与国内主流网络服务保持一致。●

三、社交网络的传播优势与劣势

社交媒体将非接触型人际交往推向了更广的范围、更深的层次，培养了人们新的消费方式和生活方式。网络传播的平民化、自由化、交互性等，使眼球经济和粉丝营销更快地成为现实。

1. 传播优势

社交网络除了具有互联网所具有的特点，如不受空间和时间限制、多样化和个性化、强烈的视觉效果等之外，还具有其特有的网络传播优势，表现为：

（1）信息以自媒体发布为主。社交媒体对时尚传播的改变几乎是颠覆性的，它重构了传播者与受众的关系。在社交媒体中，网民成为信息的制造者或转发者。受众不再是传统意义上的信息的被动接受者，而变成主动搜索并即时转发的使用者。受众的角色在社交媒体中随时发生着向使用者的转换。自媒体使时尚信息进行自我播报并评论。因此，街拍、晒图、评论越来越流行。目前国内最大的社区型女性时尚媒体"美丽说"就将晒图、搜服装、评价和购买揉为一体打造。

与综合门户网站不同，社交网络自媒体发布的功能更为明显。社交网络的主要资源不是由组织或机构发布的新闻、图片或视频，而是基于用户，以用户自行发布的信息和图像为主要信息源和传播内容，真正实现了互相传递式的互播，人人可以成为信息发布中心的自媒体。以微博为代表的网络交互平台更是

● 艾瑞咨询：社交跻身四大网络服务　微博增长趋缓但仍有空间.艾瑞网，2012 年 11 月 2 日.
http://web2.iresearch.cn/sns/20121102/186093.shtml.

将去中心化展现得淋漓尽致，将信息由上到下的发布，彻底转变为人人发布、人人共享，以点到面的平面化、多中心化传播。目前粉丝数量在 10 万到 100 万的时尚微博分为几大类：第一种是国际知名时尚品牌；第二种是各时尚杂志，如《VOGUE》、《瑞丽》、《YODA 时尚网》；第三种是私人组织的或各购物网站注册的微博，如"全球流行风尚"、"爱尚奢侈品"、"时尚女性"、"创意 Shopping"、"美女公会"等。这些微博每天都在即时发布时尚信息，引导潮流、引导消费者。

（2）改变了信息传播样态——人际化、交互式、个性化。在社交媒体中，意见领袖成为舆论导向和信息传播中心。以群体认同为核心的粉丝传播表现出明显的人际传播特征。传播环流中受众的不断交互与聚集推动了粉丝营销。博柏利、杜嘉班纳、香奈儿、路易·威登等品牌纷纷进入社交网络，开设品牌主页。在 Facebook 上，博柏利粉丝就超过 1000 万。博柏利在公共主页向粉丝提供独家图片和视频内容，鼓励用户将其身穿博柏利风衣的照片上传，全球共享。❶ 同时信息传播呈现碎片化，以化整为零的方式将信息发送到各个角落。这样的模式促成了信息传播与提取的个性化。受众从过去被动接受，到如今主动搜索、主动参与，寻找与提取符合自己个性化需求的信息。

社交网络得以存在并繁荣的根本动力来自于其极强的互动性。社交网络是人联网，是以人在虚拟空间里的沟通与联系为主线的。没有互动，社交网络也就没有了存在的理由。时尚品牌通过社交网络强化与消费者的关系，深化用户对品牌的情感等也是无法等值估量的品牌获益点。

（3）改变了传播方式——多对多，病毒式传播。技术哲学家凯文·凯利曾经提出过传真机效应理论：第一台传真机的研发费用高达上千万美元，零售价格也超过 2000 美元，但是这台传真机却毫无价值，因为世界上还没有其他传真机

---

❶ 李想.BURBERRY 成 Facebook、Twitter 最受欢迎奢侈品牌.时尚中国网，2012 年 1 月 11 日 .http：//fashion.chinadaily.com.cn/2012–01/11/content_14421974.htm.

可以同它联系。第二台传真机的出现使得第一台传真机具备了价值，第三台传真机让前两台更有价值，以此类推。因此凯文·凯利得出结论：用户买下传真机，实则是买下整个传真网络——这个网络远比传真机本身更加值钱。❶

病毒式传播正是通过用户的口碑宣传，使信息像病毒一样传播和扩散，利用快速复制的方式传向无限多的受众。电视广告多与电视节目捆绑播出，是在"打扰"的基础上进行的强迫式传播。而网络中的病毒式传播则是"大家告诉大家"的口碑传播，是建立在"允许"基础上的传播方式。它像病毒一样侵入受众的意识，让受众对某一品牌产生好感，并被激活购物欲，或产生对品牌的忠实感。

社交媒体不再受媒介介质（包括时尚杂志、电视）的束缚，而是以几何的方式实现信息的快速发散。有时微信、微博的传播力和渗透力甚至超过传统媒体。拥有几百万粉丝的大 V 或成熟的微信公众账号，其信息的受关注程度甚至超过只有几十万读者的时尚杂志。"VOGUE 服饰与美容"的微博粉丝就达 204 万人，远超其杂志的月均订阅量。

（4）受众细化，受众数量可准确统计。与传统门户网站相比，社交网络在对用户判断和用户数据采集的精准度上，有着不可比拟的优势。它不仅能统计用户数量和个人资料，如照片、职业、年龄、性别、好友关系等信息，还能通过LBS（位置服务）记录所处的地理位置。同时，用户行为也可以被追踪，生活与消费习惯也可被记录，包括喜好、评论、分享、所关注的网站和信息等，都可以在网站后台记录与分析。因此更适于将受众细化，针对目标受众，将信息进行有针对性的发布，使信息的使用效率大大提高。

目前，越来越多的品牌已瞄准并开始利用社交网络受众广、零成本、传播快、互动性好、针对性强等优势，发布活动和商品信息。对于消费者而言，相对于短信、电话等被动方式，社交网站互动或微博这样的主动接收信息的方式，更

---

❶ 社交网络的流行密码.商业价值网.http：//content.businessvalue.com.cn/post/3823.html.

容易被他们所接受和认可，也更容易让他们参与其中。

2. 传播局限性

社交网络作为信息传播渠道也有其局限性：

（1）社交网络用户的购买力较低。社交网络很火，不过社交网络还没到成为大众化工具的程度，也距离每个人都加入社交网络且时常使用它的距离很远。时尚产品相对于其他产品，包含了创意的成分，商品附加值高，价格相对较高，也较为小众。时尚产品的消费者多为中青年的中产阶级，很多人没有形成按商家所想的去使用社交网络的习惯，同时这部分人在购物时更注重购物体验，对社交网络的快餐式推广形式接受率较低。

目前利用社交网络进行品牌推广的大多是较为年轻化的时尚品牌。但随着更多大品牌加入社交网络传播并增强网络的视觉效果与服务，越来越多的中产阶级也在逐渐改变对社交网络时尚品牌推广的偏见。而且随着时尚越来越年轻化、草根化，社交网络的时尚品牌推广规模将呈上升趋势。

（2）品牌网络传播影响力有待挖掘。美国 Forrester Research 在 2012 年四五月间，对 58068 名美国网民和 5635 名加拿大 18—88 岁的网民进行的网络调查显示，71% 的美国网民至少会每个月登录一次社交媒体，使得社交媒体成为人们生活中的一部分。大约 45% 的社交网络使用者在过去 3 个月中曾在社交媒体上与某品牌的在线营销有过互动。但是只有 7% 的用户表示他们曾经在 Twitter 上关注过某个品牌，而在社交网络上对某品牌产品进行过评价的用户，也只有 7%。●

笔者曾对时尚资讯类微博进行过观察，发现粉丝比较多的还是时尚杂志的专用微博，如"VOGUE"、"YOKA 时尚网"等，其微博多为原创和第一手信息，微博质量较高。而其他部分以时尚为名的微博，如"爱尚奢侈品"、"创意

● 研究显示 45% 的社交网络用户都曾与品牌在线营销进行过互动.凤凰网科技.http: //tech. ifeng.com/internet/detail_2012_12/20/20371579_0.shtml.

集市"、"创意 SHOPPING"、"全球流行风尚"、"时尚女性"等的发展则不尽如人意，这些微博有大量转发帖，原创性作品较少，有时一个好帖同时出现在几个微博中，同质化太明显。高重复率让信息流价值降低了。而从另一方面讲，社交网络重点在互动营销，一般企业互动性不强，依旧是企业发什么，粉丝看什么，企业的社交网络互动没有完全建立起来。

新兴起的微信社交性、灵活性更强，信息的传播能力更强。因为微信主要是手机用户使用，信息可以随拍随发，在自己的朋友圈分享，可信度也更高，其传播前景较广阔。

（3）互动传播的整合还不完善。社交网络的传播只是一个方面，要提高其商业价值，仅靠偶尔贴出来的一个链接远远不够，通过 SEO、SEM、门户广告、软文投放、贴片广告等引流也很重要。只有对网络的广告、信息发布、搜索、评论等各个环节进行整合，才能形成有效的网络互动。

（4）社交网络的权威性和可信度较低。与杂志和电视不同，网络因为虚拟性和信息发布的自发性，使大多数用户身份和信息来源难以考证。在网络中隐匿身份或制造虚假的身份特征是轻而易举的事情。因为社交网络的这种监管缺失和信息来源的不稳定，使网络时尚品牌传播的可信度受到了质疑。

（5）舆论的可控性较低。"水能载舟，亦能覆舟。"如果遇到品牌信任危机或突发事件，网络的舆论控制难度较大。社交网络上人多口杂的评论常常会让部分品牌的形象受损，想通过社交网络达到兼备高端形象和高传播率，并不是一件容易的事情。无论对博客、微博、播客还是社交网站，品牌都要加以引导，形成对自己品牌有利的舆论环境。

（6）社交网络对部分时尚品牌的传播作用不大。如作为饥渴营销的鼻祖爱马仕，一直走的是小众路线，以吸引高端用户为主，传播渠道一直以平面杂志、橱窗展示为主。至今爱马仕也没有一个属于自己品牌的官方微博。对这样的品牌，社交网络的大众路线和草根形象很难与其搭界。

第四节　社交网络的时尚传播

社交网络作为人与现实世界间的物理介质，以网络为依托，在虚拟空间构建了一个类似于真实环境的情境，并赋予这种环境以精神内涵。网络受众在这里进行图像和视频的分享，进行思想的沟通，感受类似现实存在的群体氛围，感受人际互动带来的情感体验。人际传播在虚拟网络增强的真实感给品牌创造了更多的商业机会。

一、社交网络的聚人效应

网络人际传播相对于传统的口口相传，具有传播速度快、传播面积广、易反馈、易统计等特点。因为这些特性，网络提供了时尚传播的媒介基础，颠覆了时尚品牌传统的传播方式，从被动释放信息到利用平台让用户主动制造内容并传播。

对于时尚品牌而言，现在也许正是进入掌握独立话语权的好时机。相较于传统媒体广告对发布渠道和发布形式的限制，社交网络这种介于商业和社会化之间的全新模式具有着更多的可能性。它不仅引导消费理念，阐述核心价值，还可以寻找到与消费者有效对话的方式，巩固客户关系，提升品牌忠诚度，同时及时获得反馈、听取意见。社交网络的真实性体验更大大提高了品牌的美誉度与可信度。

在网络人际传播中，表现最突出的莫过于社交网络。作为大众信息共享的社交平台，它们每天都传输着大量网络用户的共享文件。据美国市场研究公司 eMarketer 估计，2017 年全球有三分之一的人正在使用社交网络，总数达到了 24.8 亿。[1] 在美国，2004 年上线的 Facebook 月活跃用户达 20 亿；中国的微信

---

[1] eMarketer：2017 年全球社交网络用户达 24.8 亿.中文互联网数据资讯中心，2018 年 1 月 19 日.http：//www.199it.com/archives/678247.html.

（WeChat）月活跃用户达到 9.3 亿，覆盖 200 多个国家，超过 20 种语言。❶ 70% 的富裕人群是社交网站的参与者，消费者正在向网络转移。Facebook、微信、微博、YouTube 和 QQ 空间等社交网站的持续火爆，使得各大时尚品牌也改换营销策略，将传播的重点放在与社交网站的粉丝互动上。

香奈儿、路易·威登等品牌首先进入 SNS 领域，纷纷在 Facebook、Instagram 上建立品牌主页，粉丝数量从几百万到上千万，享有较高的话语权。❷ 截至 2017 年 12 月，Instagram 粉丝最多的品牌排行：❸

第 1 名：Chanel：2520 万。

第 2 名：Louis Vuitton：2020 万。

第 3 名：Gucci：1930 万。

第 4 名：Victoria Beckham：1780 万。

第 5 名：Dior：1780 万。

第 6 名：Dolce and Gabbana：1510 万。

博柏利在发布新款香水"Body"时，曾在 Facebook 上推出免费领取试用装的活动，用户只要关注博柏利，就有机会获赠该香水的小样。古驰于 Facebook 官方页面上设计了一系列专门标签，涵盖了品牌历史、儿童与家庭、钟表珠宝，以及艺术与电影等内容，为品牌各个系列以及诸如古驰收藏家服务（Gucci Collector Presented by Christie's）等特别企划提供了良好的社交和购物平台，同时也开辟了独特的分享窗口，让用户了解更多古驰的故事。

在中国，部分品牌也在开心网、人人网（微博）上建立了公共主页，试图覆

---

❶ 全球十一大社交 APP 榜曝光：最后一个很少人知道.金羊网，2017 年 7 月 28 日.http://3c.ycwb.com/2017-07/28/content_25288727.htm.

❷ BURBERRY 成 Facebook、Twitter 最受欢迎奢侈品牌.中国日报网，2012 年 1 月 11 日.http://fashion.chinadaily.com.cn/2012-01/11/content_14421974.htm.

❸ 2017 社交网络 12 宗"最".新浪网，2017 年 12 月 5 日.http://fashion.sina.com.cn/s/in/2017-12-05/1652/doc-ifypikwt9306428.shtml.

盖潜在客户群。❶迪奥是最早入驻国内开心网（微博）的时尚品牌之一，它善于利用网络发布最新广告片，迪奥真我香水广告登录开心网第一天，就向所有粉丝发布了邀请函，吸引了不少网络用户。

二、虚拟网络的真实性构建

网络被认为是虚拟的，因为在这个世界里，受众的身份具有不确定性和伪装性。但社交网络却在一定程度上突破了这一局限，使网络更向真实性靠拢。社交网络作为人与现实世界间的物理介质，以网络为依托，在虚拟空间构建了一个类似于真实环境的情境，并赋予这种环境以精神内涵。网民在这里进行思想的沟通，进行图像和视频的分享，将现实生活的影像搬上了网络。当聚人与图像共享被社交网站糅合到一起，这一系统中每个用户的形象变得具体、鲜明而多样，同时图像对现实世界的镜像作用，使网络受众更全方位、更深刻地了解他人。以微信朋友圈的图片共享为例，在现实生活中忙忙碌碌的人们，在分享朋友们图片的过程中，无论是个人生活场景的再现或随手拍的生活点滴，都让朋友们身临其境，多方位地了解他人，甚至走入他人的内心世界。这种日积月累、细细品味后的沉淀，甚至在一定程度上超越了现实中的交往，网络社交已经不是完全意义上的虚拟，而更接近于现实生活的情感体验。一幅幅图片，成了对话的工具，成了诉说的渠道，成了塑造自我形象的场地。从这个意义上说，社交网络已突破了网络的传统概念，超越了虚拟，越来越接近真实。

1. 聚人与真实性构建

在社交过程中，真实性的构建基于"看得见、摸得着"和相互了解。而这些条件在传统的网络世界中曾被认为不可能。但社交网络将人以各种方式组合在一

---

❶ 奢侈品牌的"社交网络".新浪网科技频道. http://tech.sina.com.cn/i/2012–08–12/09207495108.shtml.

起，并因网络中人的频繁、多样性互动，还原了现实生活中人的多样化形象。

在六度分隔理论的基础上，社交网站发展了起来，并被逐渐发现商业价值。社交网络的核心思想是通过聚合产生力量，因为人、社会、商业都有无数种排列组合的方式，如果没有信息手段聚合在一起，就没有意义。而互联网不仅将文本、图形聚合在一起，还将人聚合在一起。

网络的虚拟性被公认为是与现实世界的差别之一，其与商业社会所要求的信用与信任隔着无形的鸿沟。但通过六度分隔产生的聚合，熟人之间产生了一个可信任的网络，将虚拟的网络世界与现实世界相结合，这其中的商业价值不可估量。

实际上，非接触型社交原本就占据了人类社交的 80% 以上，这意味着网络社交将给传统世界带来巨大的影响，在传统的商业领域也是如此。❶ 交友只是社交网络的一个开端。六度分隔理论只体现了社交网络的早期概念化阶段：结交陌生人阶段。随着社交网络的功能日益完善，交友向娱乐化、商业化阶段推进，社交网络通过个人空间创造的丰富的多媒体个性化空间不断吸引众多网民的注意力。如今，社交网络更进入了视觉社交阶段，社交网络的图像分享成为主要内容，整个 SNS 的发展循着人们逐渐将线下生活信息通过共享和视觉手段转移到网络上，实现了虚拟世界与现实世界的交叉，使社交网络的虚拟性被弥合，可信度增强，网络社交已经开始承担相当一部分传统社交的作用。Facebook、Twitter、微信、微博，这些新型的社交媒体也正在迅速吸引时尚品牌的注意力，令各大品牌重新评估网络的影响力并调整媒体中的时尚传播策略。

2. 图像共享与拟态环境

社交网络拟态环境构建的基础是视觉图像共享。视觉是人类获取信息、感知世界的重要途径。人是社会中的个体，在社会这个大环境中的信息交流丰富而繁杂。通过视觉，人类捕捉到大量的信息。视觉表征承载的意义，较之文字语言

---

❶ 赵春华.时尚传播［M］.北京：中国纺织出版社，2014.

是一个较为简单的意义提取过程。视觉信息包括：图形、图像、色彩、图表、符号、表情、体态等。[1] 可视信号是最直观的信息。因此，观看成为人们更有倾向性的感知行为。人们不仅乐于捕捉视觉信息，也更容易对视觉信息形成深刻记忆。也正因为这一点，视觉信息在以社交和娱乐为主的网络活动中，更易于使用和流行。

视觉信息具有形象性的特征。受众在观看图像时，并不是独立于图像之外的，而是结合自己的个人经历、文化、环境等而产生的反射性情感反应，是因图像创造的情境而产生的身临其境的感觉。[2] 这对视觉传播等具有特殊意义。图像中的视觉形象使用各种方式使观者回忆起自己的现实经历，让受众忘却所处的是一种说服语境。另外，视觉形象本身也具有意义，可以对受众产生微妙的心理暗示与影响。

图像具有情境再现的功能，是一种图解性质的符号。[3] 借助现实生活的环境在观者脑中重现。图像的形象性使人际网络达到了更高的可信度。基于社交网络提供的图片分享平台，众多一线时尚品牌纷纷利用社交网络的品牌公共主页或公共账户，提供独家图片和视频内容，进行与粉丝的互动，宣传自己。一线时尚品牌 BURBERRY、DIOR、GUCCI、CHANEL 以及 DOLCE & GABBANA 等品牌纷纷进入社交网络，在 Facebook 上开创品牌主页，粉丝数量从几百万到上千万。[4] 比如博柏利利用 Facebook 上的公共主页向粉丝提供独家图片和视频内容，帮助用户通过 Facebook 账号与博柏利建立联系，充分利用其"Art of the Trench"（风衣的艺术）网站活动来鼓励受众发表自己的时尚摄影作品。博柏利选取最具品牌代表性的风衣作为焦点，只要用户身穿博柏利风衣，拍摄一张照片

---

[1] 郭庆光.传播学教程［M］.北京：中国人民大学出版社，1999：36.

[2] 保罗·梅萨里.视觉说服——形象在广告中的作用［M］.新华出版社，2004：7-9.

[3] 郭庆光.传播学教程［M］.北京：中国人民大学出版社，199：36.

[4] 李想.BURBERRY 成 Facebook、Twitter 最受欢迎奢侈品牌.时尚中国网，2012 年 1 月 11 日.http://fashion.chinadaily.com.cn/2012-01/11/content_14421974.htm.

上传至此网站，便可全球共享（图 8-4）。[1] 此外，品牌还请到了街拍教父 Scott Schuman，在街头捕捉拍摄穿着这款风衣的人。官网上展示其风衣的图片点评已超过了 370 万篇。[2]

图 8-4 博柏利的"Art of the Trench"网站粉丝图片共享

不仅仅是博柏利，其他品牌如古驰、路易·威登、迪奥也纷纷在社交媒体上分享照片、视频，制造事件，进行品牌宣传。

时尚产品通过社交网络培养受众的认同感，打造品牌的美誉度，通过人的聚合，通过图像进行意识的渗透与影响，将有形化为无形，使某种品牌形象不断深化、内化，并通过拟态环境中受众对图像的反应与评价，制造舆论，达成共识，形成口碑，塑造品牌形象。

社交网络在拟态环境进行的主要是人际传播。各品牌策划在虚拟的网络世界的非接触社交，因为图片与视频由线下向线上的转移，使社交与时尚传播交融

---

[1] 刘洋.奢侈品牌社交网络抢滩中国市场.中国网络电视台，2012 年 6 月 1 日.http：//style.cntv. cn/20120601/105533.shtml.

[2] 刘洋.奢侈品牌社交网络抢滩中国市场.中国网络电视台，2012 年 6 月 1 日.http：//style. cntv.cn/20120601/105533.shtml.

在一起。受众的情感体验深刻，对网络的依赖性更高，这样的社交不逊于现实生活中的接触型社交。品牌传播在速度和口碑上，超越了广告，使受众忘却了身处被说服或被宣传的环境，而在分享中产生了现实社会的真实体验。如人们在Facebook和微信上渴望一种沟通了解的氛围，渴望一种类似现实环境的能面对面交流的平台。这种使用心理被时尚品牌抓住成为诉说品牌故事的绝佳途径，使网络成为一个陌生人聚集的地方，但又是有共同爱好和话题的小圈子。在受众与品牌的互动中，品牌认同感得以提升。

因为这些特性，社交网络提供了时尚传播的媒介基础，颠覆了时尚品牌传统的传播方式，从被动释放信息到利用平台让用户主动制造内容并传播。在聚人的小圈子里，社交网络的真实性体验大大拓展了品牌与受众互动的空间。

三、高科技拟真化的视觉应用

3D或4D高科技利用声、光、电等现代视觉捕捉与加工技术，将二维平面扩展至三维空间。传播者利用三维立体成像、银幕画外空间的延伸、高保真视觉和声音效果，以影像为"镜"营造此世界与彼世界的镜像，尽可能地将视觉体验拟真化，使观众融入奇观之中，在观影中尽情享受视觉带来的审美愉悦，观众被置身于似真似幻的虚拟现实中。❶

这样的技术也为时尚传播带来了新的突破，形成了社交网络用户的群体性围观和群体性审美。2011年4月，博柏利在北京举办了一场"3D全息影像秀"，整个秀场借用3D数字科技和投影技术，仅仅用6个模特就完成了一场时装秀。这场3D秀当天在全球20家网站同步直播，尤其是在社交网络播出时引发的围观与热议，仅在新浪微博当天就有超过15万条微博转发，65万余条评论。❷粉丝

---

❶ 赵春华.社交网络中的视觉信息与时尚品牌传播［J］.青年记者，2013（4）：80.

❷ 刘洋.奢侈品牌社交网络抢滩中国市场.中国网络电视台，2012年6月1日.http：//style.cntv.cn/20120601/105533.shtml.

并非亲临现场，却在网络上感受到了图像带来的真实效果，虚拟世界与现实场景已相互渗透、相互融合。

第五节　社交媒体对传播及商业模式的重构

一、社交媒体对时尚传播模式的重构

社交媒体对人类生活的改变已毋庸置疑。它已成为信息交流和舆论汇集的重要场域，并对传播与商业各环节进行着改变。

1.传统媒体中时尚传播模式的局限

传统的时尚传播主要依赖传统媒体艺术化的视觉图像，侧重于对内容的设计，试图通过视觉引导和说服刺激受众的购买欲。如图 8-5 所示：

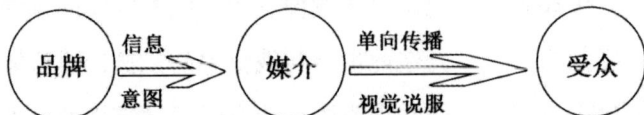

图 8-5　传统的时尚传播模式

传统媒介环境下，信息传递单一。受众作为信息接受者是孤立的，受众间缺乏互动与沟通，一刀切式的大众传播模式无法对受众作细分，因此，其商业价值也受到了局限，如宣传模式单一，品牌与消费者进行情感互动的渠道不通；品牌知名度和美誉度打造周期长。

2.社交媒体对时尚传播重构

社交媒体将非接触型人际交往推向了更广的范围、更深的层次，培养了人们新的消费方式和生活方式。网络传播的平民化、自由化、交互性等，使眼球经济和粉丝营销更快地成为现实。

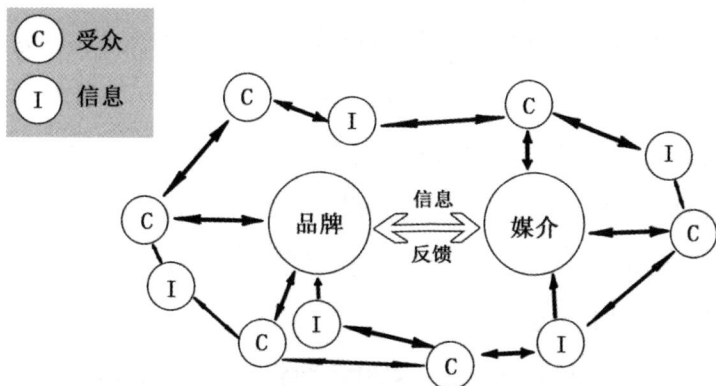

图 8-6　重构的时尚传播模式

二、社交网络对传统商业模式的重构

1. 小众产品拉动长尾市场

时尚产业既生产大众的流行产品，也生产艺术化的小众产品或设计师品牌。通常，主流大品牌资金雄厚，通过广告宣传造势，占据了传统市场。而微店将众多的小市场汇聚起来，成为了硕大的长尾市场。在社交媒体中，微店提供的小规模、小成本的网络空间为个性化设计提供了平台，并将个性化产品与目标圈子（客户群）进行了无缝对接。众多的微店用户代表的是小众长尾用户，他们通过搜索功能，主动在微店寻找各式各样的设计，挑选出能彰显其个性的设计产品。这些非主流商品的流通可以弥补传统销售渠道的不足。

同时，因为长尾产品为个性化设计，数量少、竞争者少，有时候甚至可以高于普通价格销售。时尚传播的个性化特质在社交媒体得到了发挥，并成为获取超额利润的手段。

社交媒体协调了传统市场与长尾市场的对立关系，将在传统大众传播中处于边缘化境地的小众产品营销进行了深度挖掘，可以在几乎零成本的前提下，提升非主流小众产品的销售率。

2. 口碑效应提升品牌溢价能力

用话题提升品牌知名度与美誉度。网络社区因人而聚，而在群体效应中，话题与意见成为互动的重要内容。社交媒体以人际传播为主，因此在舆论漩涡中，能产生口碑效应，引导其他用户的喜好。同时，通过网络的病毒式传播，品牌可以在较短的时间吸引目标客户群的关注和追随。其人际传播承载了一定的大众传播的功能。而相对于传统媒体广告的高费用，社交媒体传播成本更低，效果更迅速。

3. 群体效应推动粉丝营销

社交媒体具有很强的群体效应，其社区和公共主页成为时尚品牌的粉丝聚集地。时尚品牌公共主页的关注者绝大多数是顾客或是潜在顾客，他们大多对现有的品牌已经有了一定的认可。公共主页互动拉近企业和消费者的距离，吸引消费者参与企业的文化和价值观的交流，以及情感体验和娱乐互动。因此，这样的互动平台有助于增强情感色彩，让关注者得到更好的情感体验，从而提升品牌忠诚度。这一举措有助于形成庞大而稳固的市场。

三、电子商务社交化

社交网络环境中，媒介端口呈开放式，社交媒体成为商业各环节的中介，将信息交流、搜索、物流、售卖、付款功能整合成一揽子服务。受众从接受信息、查看评价、货比三家到购买之间的时间和空间跨度大大降低，实现无缝营销。

在中国，电子商务网站正在向网络社区化发展，微信微店、阿里巴巴"人脉通"、淘宝网"淘江湖"、"雅虎关系"等的出现从侧面证明了网络社区与电子商务的结合已经受到商业平台的重视，平台利用社交网络对客户的争夺已经暗流涌动。

新媒体不同于电视、广播、报纸等公共媒体平台，而更像是一个个微型的个人媒体，充溢着非商业性的自发式传播。在这个时代，无论是品牌告知、品牌与消费者互动，还是在消费者中间塑造独特品牌形象，都被全盘纳入一个完全、整合、互动的营销体系中，这种互动整合营销，以顾客关系为中心，重点突破，强调在要点上形成主动扩散，针对性更强。● 它所呈现的电子商务社交化新趋势包括：

（1）虚拟环境的真实购物旅程体验。传统模式下，信息是由企业向消费者传递的单向传播方式。而新媒体的出现，使互动成为可能。新的传播方式以信息的双向沟通为主，大大促进了传播的效果。同时，消费者由被动变为主动，习惯于主动选择商品、发布评论、制造舆论，甚至通过网络量身定制服装，主动性大大增强。

（2）视频直播与线上购物连接。除了在社交媒体上传图片和视频，时尚品牌还作了进一步创新。通过 Twitter、Pinterest 和 Instagram 等社交网络媒体对自己的时装秀进行现场直播，使虚拟与现实的界限变得更为模糊。

英国时尚品牌 TOPSHOP 与 Facebook 合作，于 2012 年 9 月推出全球第一次"特别定制的时装秀"（图 8-7）。这场时装秀完全围绕客户，将社交、商业及娱乐融为一体。用户可以选择时装秀中最主要的衣服和佩饰的颜色，在他们通过品牌专有网站 TOPSHOP.com 观看时装秀的同时可以通过 Facebook 向所有人分享他们的选择，并且在秀后可以直接购买产品，在产品完工后 3 个月之内确保收到自己选购的产品。●

● 点评新媒体：网络社区［J］.纺织服装周刊，2010（7）：53.
● 周令芳.独特时装秀　时尚品牌将与社交网络合谋.YOKA 时尚网，2012 年 9 月 13 日.http://www.yokamen.cn/style/trends/2012/091347340.shtml.

图 8-7　TOPSHOP.com 首页

TOPSHOP 和 Facebook 的工程师还共同开发了"拍摄时装秀"技术，通过点击手机拍摄按钮可以点击并抓拍时装秀中自己最喜欢的衣服，并与上亿用户分享心得。❶

（3）虚拟化试衣室。拟态环境除了表现社交网络人际社交圈落，还被纳入用户体验的过程。这种类似于真实购物试衣的过程，让受众感到的不仅是新鲜感，还有其便捷性与分享的快乐。通过部分时尚品牌的网络虚拟化试衣室，用户可以在网上"试穿"不同的服饰，并及时通过社交网络跟自己的朋友分享与讨论。通过社交网络，网络虚拟购物变成了真实的用户体验和与好友同步的分

❶ 周令芳.独特时装秀　时尚品牌将与社交网络合谋.YOKA 时尚网，2012 年 9 月 13 日 .http://www.yokamen.cn/style/trends/2012/091347340.shtml.

享过程。

（4）用户自设计。时尚品牌还推行用户自设计，以提高品牌在社交媒体的影响力。通过用户自设计服务，部分时尚品牌让社交网络用户投票选出最喜欢的设计，并根据投票投入生产。有的品牌还在社交网络上提供了相应的插件，让消费者上传自己的设计产品，收集各种灵感和创意。用户自设计服务使得时尚品牌商和消费者建立了更深一层的联系，使服饰产品生产更有针对性。

第六节　移动媒体的规模化发展

近几年，移动媒体作为新兴媒体在快速发展，其借助于移动网络的广泛普及、网络速度的改善、移动通信用户的增多，以及移动网络技术的不断发展等得到了飞速的扩展。移动网络服务可以定义为："将数字化的信息和内容利用无线网络提供到用户的信息终端机上的服务。"如今，通信市场的方式也由有线向无线、由声音向数据通信快速转变。移动通信设备的功能早已超越了单纯的通信工具，发展成为可以随时随地使用网络的新手段。

一、移动媒体的传播优势

1. 便携性——携带方便、使用灵活

因为手机与 pad 的体积小、重量轻、易携带，使其成为许多时尚人士的随行必备物品。在公共场合，如咖啡厅、地铁、派对等，随处可见专心使用手机的用户。手机与平板电脑可以随时登录网站、社交网络，享用各种客户服务，用客户服务软件观看视频，使用起来更为便捷灵活。

以往媒体将内容嵌入手机，主要采用新闻短信、手机报和 WAP 网站等形式。现在越来越多的智能手机的应用，可以收发更多的彩信，而且随着 4G 技术

的普及应用，人们可以非常便捷地收发视频。手机成为极具潜力的媒介载体。智能手机时代，所有媒体内容主要通过 APP 和安卓客户端形式，通过下载不同的服务程序软件，获取付费或免费的内容资源。这些服务程序几乎包含了人们的衣、食、住、行、娱乐、办公等各个方面。

2. 即时性——信息更即时、发送更方便

iPhone 的客户服务软件所提供的部分程序可以使用户随时拍摄图片与视频，随时播发与分享。这体现了信息的即时性，也给用户带来了更大的参与分享的兴趣。

移动通信拥有传统媒体所不具备的优点，即移动通信摆脱了单方向信息传递的局限，使顾客可以实时地参与到活动之中，还可以参与非网络环境中的访问、购买、活动等，并且以参与的顾客为对象开展客户体验管理，使品牌与顾客之间的体验型交流得以开展。

3. 多样性

移动通信脱离了原有的短信息广告的局限，开发和运用了多种尖端的工具和方法。其中包括视频、音频、多媒体信息服务（MMS），只要一开机就可以看到已储存于用户手机内的视频广告，还可以清楚分析用户生活形态和地区信息等。

二、便捷的图片分享

Instagram 是专为 iPhone 用户设计使用的照片社会化应用程序，它没有 Web 版，没有 Android 或 Windows Phone 版。Instagram 在推出第一年就拥有超过 1500 万用户、超过 5 亿张图片，获得 750 万美元投资，客户端已有 10 种语言。在美国风靡之后，其用户群正扩展至中国、巴西、欧洲等地。❶ Instagram 正在渐渐进入人们的生活。

---

❶ 吴晓燕.图片也疯狂［J］.VMARKETING，2012（4）：32.

Instagram 这种极具创意又能让消费者方便分享信息的方式越来越受到时尚品牌的关注。博柏利（图 8-8）❶、香奈儿等已经以 Instagram 作为宣传推广新渠道。比如博柏利，消费者可以在 Twitter 上看到博柏利用 Instagram 发布的新装。❷

因为很多品牌都有很好的图片资源，也很适合利用以图片分享作为主要内容的 Instagram 等程序作为其广告和宣传载体。

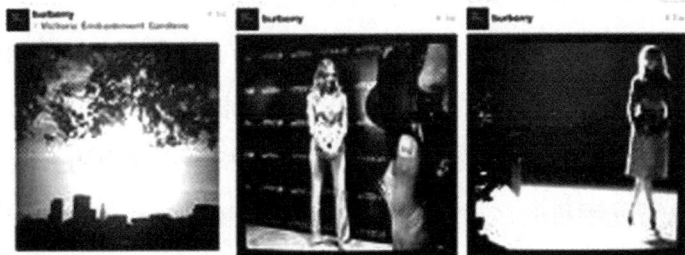

图 8-8　博柏利分享照片数：352　追踪人数：87901

三、智能手机的"三位一体"

移动媒体的发展使内容、渠道、产品的"三位一体"成为可能。因为时尚产品极强的展示性，以及对视觉元素的依赖性，时尚传播有时变成了自传播。传播内容即成为传播渠道。最初传媒以内容为王，数字科技发展后，传媒开始呈现渠道为王的发展态势。现代科技使产品这个内容与渠道的载体，变得与二者合为一体。新科技的发展使内容、渠道、产品"三位一体"的可能性增大。

以 iPhone、华为、小米为代表的智能手机实现了时尚产品、传播内容、渠道的"三位一体"。智能手机的问世几乎颠覆了传统手机形象，它带来的不仅是智

---

❶ 吴晓燕.图片也疯狂［J］.VMARKETING, 2012（4）: 32.

❷ 吴晓燕.图片也疯狂［J］.VMARKETING, 2012（4）: 32.

能手机的变革，更是对传播的巨大贡献。

iPhone 在 2007 年最先推出时尚智能手机，中国的华为和小米手机后来者居上，凭借强大的技术创新能力和完美的用户体验，开始在全球产生影响力。时尚智能手机本身因其出众的外部设计和使用性能，列身时尚产品的行列。其手机面板的镜面设计，炫色的外壳，让手机看上去更像一件艺术品。同时，智能手机作为移动媒体，兼容了文字、图片、语音和视频的传播功能，使传统媒体与新媒体合二为一，推动了移动媒体与时尚传媒的进一步融合。

时尚智能手机提供的海量手机客户端软件免费下载服务，刺激和催生了互联网在移动媒体的大规模应用，大量网站纷纷开发手机客户端，登录移动网络争夺用户，QQ、微博等社交网络开始通过客户端在手机上广泛使用。微信的迅速扩张应该说得益于智能手机的多功能应用。传播渠道的技术更新，为传播内容的提升提供了广阔的平台。这种情形使传播渠道与传播内容你中有我、我中有你、互相渗透。

技术创新引发了传播渠道的变革，也赋予时尚传播以新的定义。时尚产品不只用于展示、穿着与应用，也可以直接变身为传播媒介，承载时尚传播的功能，发布时尚信息。创新不会就此而终止。也许集时尚产品、传播内容、渠道于一身的产品将会成为未来时尚产品的发展趋势，并将带来新一轮的视觉享受。

四、手机移动网络的微型拟态环境

移动社交网络是近几年的新兴事物，但部分嗅觉敏锐的商家还是以最快的速度开始占据这片领地。目前，微信在全国的月活跃用户已突破 9 亿人。香奈儿、迪奥等时尚品牌顺势纷纷建立了自己的微信公众账号，定期发布品牌信息，内容涵盖新品推介、时装秀、品牌与明星互动等。手机画面虽小，但质感更强，文字更趋简单，更易聚焦。小型的屏幕在短时间内将受众吸引到图片的小场景中，几乎成为微型拟态环境。

总而言之，社交网络构建了虚拟世界中的真实环境，弥合了网络的虚幻性，让真实感通过受众图像共享得以实现。时尚品牌利用粉丝互动，凭借受众的口碑形成集体共识与认同，其品牌形象在社交网络中更能得以彰显。社交网络中的品牌推广和传播，具有可信度高、针对性强、企业和用户零距离接触、提升知名度快等特点，几乎可以被认为是全新的、波及面更广的新型时尚品牌推广模式，其传播价值与商业价值值得进一步挖掘。

第七节　智能可穿戴技术的兴起

科技发展快速推进着媒介的变革。当电脑、手机等方兴未艾之时，新的媒介形式正在悄悄孕育之中。可穿戴技术的出现，改变了人们接入互联网的方式和入口，人的身体既可以成为像手机一样的智能终端，也同时兼具媒介信息的通道与载体的作用。

20 世纪 60 年代，美国麻省理工学院媒体实验室提出了一项创新技术，利用该技术可以把多媒体、传感器和无线通信等技术嵌入人们的衣着中，可支持手势和眼动操作等多种交互方式。❶ 可穿戴技术发展至今渐趋成熟，为信息传播、工业设计、医疗和服装等行业带来了全新的发展机会和方向。当今，诸如智能眼镜、手表等大大提升了人们的视觉体验与应用，从谷歌眼镜到 Eyephone，从 inWatch 到小米手环（图 8-9），硬件创新颠覆了大众化的视觉应用，将这项技术无缝整合到人们的生活中。

---

❶ 可穿戴设备来袭，你准备好了吗.科讯医疗网.http://md.tech-ex.com/special/kechuandaishebei/.

图 8-9 小米智能手环

可视化传播作为可穿戴设备中的重要构成元素，不仅具有商业价值，还在媒介利用方面发挥作用，逐渐颠覆了传统的信息捕捉与传播模式。

一、可穿戴设备的分类

可穿戴设备不同于手机、电脑等传统媒介设备，它将电子设备或传感器植入或嵌入人们的衣着中，通过智能眼镜、头罩、手表、衣服、鞋子等形成人体信号的体域网，对人的肢体和感官（如眼睛等）活动进行跟踪、捕捉、判断、扫描、收集、交互和反馈。它利用和扩展了人体机能，是对人自然属性的延伸。

可穿戴技术将人的身体作为媒介的平台和载体，便于人们更快速地抓取和加工信息，更准确地判断和决策，并快速全面地对信息做出分析，使人们形成更加贴近事物本质的判断并完成更优的决策。它大大提升了信息传播的速度，并可能改变人们的行为。

根据穿戴位置不同，可穿戴设备大致可分为四种：第一，眼镜谷歌智能眼镜、Baidu Eye）。第二，腕带式：手表（苹果 Apple watch、三星 Galaxy Gear 智能手表、Pebble、索尼 smart watch MN2）；手环（如 Jawbone UP 2 智能手环、Nike+fuelband 2.0、百度咕咚手环）。第三，头戴式（Mind Wave Mobile、Jetlag Light 时差综合征治疗仪）。第四，智能服装或配饰（Nike 运动鞋、Cloud Ring 智能项链、isfit 智能纽扣、Orb 耳环、Glove One 手套、Smarter Socks 智能袜子、Lumoback 智能腰带）。❶ 近一半以上的可穿戴设备可与视觉应用产生联系，尤其是眼镜和腕带式设备。

二、智能可穿戴设备的传播"四合一"模式

谷歌眼镜等的视觉信息交互模式改变了传统的传播过程，即信息、传播者、媒介、受众等构成要素的组合，使传播者同时成为媒介的载体和信息的通道。如谷歌智能眼镜为可携带式小型计算机，将计算机的绝大部分功能（计算器、手机、摄像机、显示屏、蓝牙、wifi、音箱、摄像头、麦克风和触摸板等）集成到一个轻量级的框架上。使用者可以通过手指、眨眼或者语音进行操作。使用者可以随时拍摄、记录周围事物，观看视频节目或进行信息交互。❷ 其视觉信息捕捉模式的速度甚至超越手机等设备。❸ "I-report"（我报道）随时随地可以发生，并在速度和隐蔽性上进一步突破了手机、摄像机等的局限。人们不再需要特意手持任何传播设备（如手机、电脑、摄像机等），而只需轻松按下按钮或眨眨眼，图片就被收集或传出。一幅图片、一段视频的分享在一眨眼间完成。自媒体交互变得更简单易行。这一信息传播方式是对传播渠道和模式的突破，人体完成了集媒介、信息采集者、发布者、受众于一体的"四合一"的全新突破。❹

❶ 2013 年度可穿戴技术创业投资报告.中国电子商务研究中心官网，2014 年 3 月 12 日.http://b2b.netsun.com/detail-6159591.html.

❷ 吴军，叶艳.可穿戴技术能否成为人体的延伸［J］.世界文化，2014（10）：50.

❸ 赵春华.社交网络中的视觉信息与时尚品牌传播［J］.青年记者，2013（4）：79，131.

❹ 赵春华.视觉传播视角下可穿戴技术探究［J］.青年记者，2016（9）：82.

三、可穿戴设备的虚拟现实技术

可穿戴设备的完善使虚拟技术带给人们更多的真实体验。美国新闻学者李普曼在《舆论学》中曾指出："我们必须特别注意一个共同的要素，即人们和环境之间的插入物——拟态环境……因为，在社会生活层面上，所谓人做出适应环境的调整是以虚构为媒介来进行的。"[1]这里的虚拟是通过媒介对真实环境的再现。谷歌从富士康购买的一项与头戴式显示设备有关的专利，可将虚拟图像叠加到现实景象中。通过智能眼镜，人们可以产生天涯咫尺的体验，远方的景象、会议或亲人的"面对面"交谈可以让人产生身临其境的感觉。过去人们只有通过电脑或影院才能感受到的虚拟与真实的交错景象，如今通过眼镜可以随心所欲地自由控制。虚拟情景的再现成了个性化的体验过程。[2]

可穿戴技术将电子设备直接植入配饰内部，使其成为身体的一部分，提升了视觉应用的便捷性与速度感。可穿戴设备的完善使虚拟技术带给人们更多的真实体验，如索尼 PS VR 虚拟现实设备（图 8-10），可将虚拟图像叠加到现实景象中。

图 8-10　索尼 PS VR 虚拟现实设备

[1] 赵春华.时尚传播［M］.中国纺织出版社，2014.
[2] 赵春华.无限机遇［J］.中国服饰，2016（9）：105.

四、便捷性与时尚感

可穿戴智能设备还将电子设备与服装或配饰融为一体，将硬邦邦的电子设备微型化或柔化处理，便捷性大大提升。同时，可穿戴智能服装通常很注重设计感，尽量弱化科技产品的冰冷形象。如谷歌智能眼镜（图 8-11），在设计上有不少亮点。线条流畅、外形炫酷、做工细致，带给用户高端、精致的奢侈品的感觉，虽然是科技产品，却不逊于手镯等装饰品带给人的时尚美感。可穿戴智能设备融入了时尚设计元素，从色彩、造型、材质等多个角度进行艺术化设计，极大满足了使用者的审美诉求。

图 8-11　谷歌智能眼镜

目前，可穿戴眼镜与手表在视觉信息传播方面发挥了更为明显的作用。未来，随着技术的不断成熟，视觉传播将不局限于眼部的体验，而会将人体信息、环境信息与视觉信息结合，带给人们不同的感受。如根据穿着者情绪和体温变化而产生颜色变化的变色服装；如导电纤维做成的发光服装会随季节变化而产生颜色变化。这种将情绪、肢体感知与外部环境纳入信息传输、数据收集与反馈系统，以新形态传递的人类心理和社交信息，是技术与人文的高度融和，将改变固有的视觉信息判断模式，并将带给人们全新的视觉刺激和感官体验。

眼下中国 IT 与时尚产业联手布局，积极投身智能可穿戴设备研究。如华为、百度、小米、360、联想等纷纷涉足可穿戴智能服装并展开尝试，敏锐地把握到了行业趋势。如李宁品牌与小米合作，李宁提供专业测试数据，小米手环团队负责将其转化成算法，将智能芯片置于鞋底，进行运行。同时，智能跑鞋可以和小米手环共用同一款 APP，对跑姿和步态进行分析。❶

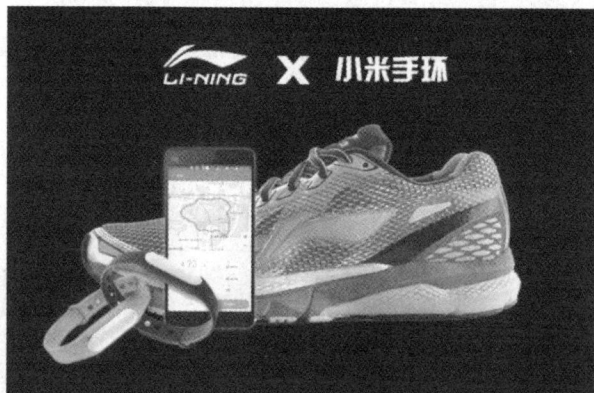

图 8-12　李宁 × 小米智能运动鞋

未来也许会有更多的时尚产业投入这个潮流中，在服装设计、纺织品、面料纤维等领域实现中国人的发明创造，利用国际市场的空缺，创造先机，抓住机遇，创造更多的市场机会，提升品牌溢价。

总之，移动互联网时代的到来，让具有移动化、简易化、嵌入式特征的可穿戴设备渐渐进入人们的生活，并将逐步改变人们的生活、工作方式。

思考题：

（1）新媒体的传播特征有哪些？

（2）请以原生广告和病毒式传播为例说明新媒体广告的传播特征。

---

❶ 李宁智能跑鞋需要了解的几件事　智能鞋比普通鞋更便宜.TechWeb 网，2015 年 7 月 16 日.http：//www.techweb.com.cn/ihealth/2015-07-16/2176181.shtml.

（3）社交网络传播的优势与劣势是什么？

（4）社交媒体对传统商业模式的重构表现在哪里？请举例。

（5）社交网络是如何在虚拟网络实现真实性构建的？

（6）如何理解智能手机的"三位一体"？

（7）智能可穿戴设备会给传播带来哪些改变？

第九章　整合传播

在现今的多媒体时代，仅仅依靠某一种特定的媒体是很难达成预期传播目标的。只有将传统媒体与网络或者移动通信适当地结合，将媒介传播与线下活动多种方式、多种渠道进行整合才能得到更为满意的效果。

第一节　理解整合传播

商业体系的时尚传播是"一种操作性的实务，即通过广告、公关、新闻报道、人际交往、产品或服务销售等传播手段，极大地提高品牌在目标受众心目中的认知度、美誉度、和谐度"。[1]时尚传播的过程正是对各种内容、资源和形式的优化配置与整合。

一、整合传播的定义

整合传播即通过整合信息，选择最佳传播方式直接或间接地向消费者告知、说服和提醒关于时尚产品和品牌的相关信息，来实现传播效益的最大化。它传递的是品牌的形象，建立的是公司与受众的对话与沟通渠道。它的核心是将受众作

---

[1] 舒咏平.品牌传播策略［M］.北京：北京大学出版社，2007：20.

为整个信息传播过程中的伙伴，并找到受众与传播信息产生最佳联系的方法，以强化消费者的忠诚度，提高客户资产。❶

当今，电视、互联网、移动通信等便捷的动态信息传播渠道，使传播从内容到渠道实现了质的飞跃。大众媒体以广告为主要内容传播手段，而新媒体突出的人际传播功能又对大众传播形成了补充，整合传播成为发展趋势。正如麦克卢汉所言："各种不同的媒介彼此互相帮助，这样一来它们之间就不会互相抵消，而是一种媒介强化……你可以用某些媒介做一些你借助其他媒介不能做的事情。这样一来，如果你能关注整个领域，就可以预防由一种媒介消除另一种媒介所带来的浪费。"不同的媒介可共生共存，而不是彼此消亡。媒介生态的能量流动处于"平衡—失衡—平衡"的状态。❷电视没有消灭报纸杂志，网络也不可能消灭电视。互联网强大的包容力，可以促成网络与电视的融合。电视、网络、手机等媒体结合，可以实现"1+1+1 > 3"的效果。品牌在电视媒介之外，利用新媒体，从内容到渠道，延伸传播范围。在传播途径上，利用 SNS、微博、博客、播客、微信等实现互动传播。而且利用媒体的融合，可以继承每一种媒体的优势进行创新，产生更符合传播规律、更贴近百姓的传播形式。

整合传播有利于实现大众传播与人际传播的优势互补。时尚品牌利用多媒体渠道进行传播内容整合，从名称、标志、价位、质量、设计风格，到品牌的历史及文化内涵，经营方式和服务理念等，全方位打造品牌，并通过广告对目标消费者的精准投放，通过画面和代言形象的选取，不断巩固、强化甚至更新自己的品牌形象，增加服装品牌的文化价值，提升服装品牌的溢价能力。

---

❶ 唐·舒尔茨，菲利普·凯奇著，何西军，黄鹏等译.全球整合营销传播［M］.天津：中国时政经济出版社，2006.

❷ 兰斯·斯特拉特文，胡菊兰译.媒介生态学与麦克卢汉的遗赠［J］.江西社会科学，2012（6）：248.

二、整合的优势分析

进行传播资源整合的优势主要表现在：

（1）扩大了兼容性。将信息传递由单一业务转向文字、话音、数据、图像、视频等多媒体业务。

（2）提升功能。使网络从各自独立的专业网络向综合性网络转变，网络的使用能力得以提升，资源利用水平进一步提高。

（3）消除恶性竞争。打破了视频传输领域长期的恶性竞争状态，将各大传播渠道整合在一起，取长补短。

（4）拓展服务范围。它不仅继承了原有的话音、数据和视频业务，而且通过网络的整合，可以衍生出如网络电视等更加丰富的增值业务类型。

三、整合趋势

传统的大众传播在内容传播方面的优势毋庸置疑，电视广告突出的视觉信息承载力，使其在视觉传播中占据了优势的主导地位。新媒体的到来，给人们带来了新的传播理念。互联网、移动通信改变了人们常规的视觉欣赏习惯。个性化、碎片化、互动性，成为受众新的视觉诉求。整合传播是大众传播与人际传播的契合点。兼容多种媒介的整合传播可以将内容传播与渠道传播有效整合，实现品牌宣传的最优化。

任何品牌的形象塑造都不是单一的，而是多个环节合力打造的。整合将资源、内容、渠道优化组合，将传统媒体的大众传播功能与新媒体的人际传播功能有机结合，使时尚传播从内容、渠道到形式实现质的突破，将为时尚传播者和受众带来福音。

第二节　整合传播策略

由于媒介形式的快速变革，媒体传播逐渐呈现整合的趋势。各时尚品牌越来越关注有效利用各种媒体资源进行推广与发布。新形势要求商家整合传播中每一个环节的一致信息，有效地向消费者传达品牌形象，以提升品牌的认知度和影响力。整合传播主要包括：内容整合、渠道整合和形式整合。

一、内容整合，统一形象

时尚品牌可以通过内容整合，在不同媒介之间建立联系，使产品信息得到充分共享，进行优势互补，使品牌信息从各渠道中传递出统一、和谐的形象。

统一的形象是内容整合的前提。只有统一定位，才能将各个渠道的资源有机结合，加以发挥，才能利用好各媒体渠道的优势，提高传播的效率、提升传播的效果。为了提升传播效率，所有的传播策略都应致力于将各种传播内容一致化，追求"同一个重心，同一个形象"。内容整合利用文字、声音、图片、动画、视频等传播元素，通过信息资源、新闻资源、话题资源、观点资源等的整合，统一地进行传播内容的设计与推广。

内容整合可以依托于一个内容点，新闻、话题或观点，制定一个精彩的主题，多角度解析、多平台推动，借势打造阶段式的、连续式的、爆发式的全方位整合传播。

如前面提到的国产护肤品牌百雀羚 2017 年 5 月在微信公众号推出"陪你与

时间作对"民国系列长屏广告。❶随后，以百雀羚86年老品牌历史为主线，围绕这个特色化的广告，数十个微信公众号进行了各种解读和报道，比如 TTT 云课堂的"与时间作对，百雀羚神广告又来了"，微果酱的"前方高能，解密百雀羚一张长图刷屏真相"，骏小宝的"我的任务是与时间作对，86岁的百雀羚又何止靠一条刷屏广告"，益联益家网的"陪你与时间作对，百雀羚爆款免费了，你要不要"，等等。这些公众号的推送，使百雀羚在随后近半年的时间长期保持话题热度和较高关注度。

高关注度带来了极好的商业效果，"双十一"当天百雀羚天猫旗舰店销售额再次破亿，蝉联国产化妆品销售冠军。这种以点带面的内容传播模式的传播效率和爆发力可见一斑。

二、渠道整合，优势互补

渠道整合主要是跨媒介整合，即围绕一个既定的方向或主题，依托于电视、电脑、手机所代表的不同媒介渠道，利用各媒体优势进行互补。

传统媒体以内容为特色，新媒体以渠道为特长。在媒介时代，"三网融合"成为整合的一种趋势。电视具有权威性，网络具有互动性，移动通讯具有灵活性，三者各具特点。同时三种媒体屏幕大小、传播内容的差异、信号的传递方式，在硬件要求、使用环境、使用范围方面有各自的优势或局限。如果将三者的优势结合并加以利用，可以实现多赢。

利用三网可以让图像和文字信息，像统一货币一样在三个渠道无障碍流通。

---

❶ 以为是枪战片……原来是百雀羚广告！太有创意了！[J].传统古典中国风.微信公众号，2017年5月10日.http: //mp.weixin.qq.com/s?__biz=MzA4ODQ3ODczOA==&mid=2651543487&idx=1&sn=e05c2293a1addc893491779c6c5ee122&chksm=8bd672c2bca1fbd49ffee9039200037766c517df015f4b46df05009de6863d757275efaa23e8&mpshare=1&scene=24&srcid=1025-KbQ6vDN40lUEIsJ7fBtI#rd.

同时"三网融合"以互联网为核心,将电视、移动媒体组合在一起,为大众传播与人际传播的融合提供了更大的可能性。

三、形式整合,大众传播与人际传播合媒

形式整合主要是利用传统媒体的大众传播与新媒体的人际传播,各取所长,优势互补,提升传播效率,发挥传播效果。

时尚传播从线上到线下,从电视到网络,从话题到口碑,通过多种手段配合,打造跨媒体的、全方位的整合传播。

随着新媒体的崛起,人际传播成为大众传播之外重要的传播形式,通过与传统媒体的资源整合,聚集人气、塑造形象。社交网络为人际传播提供了广阔的空间,其在口碑传播、粉丝营销等方面表现出巨大的潜力。以 Facebook、Twitter 为代表的社交网络最直接体现了新媒体的人际传播优势。依据六度分隔理论,社交网络将人聚合在一起,形成了特有的拟态环境。人们在社交网络分享图片与视频、发表评论与信息,使图片和视频发布大众化与个性化,使舆论传播(即口碑)从过去的垂直式传播向水平式传播发展,社交网络将现实搬上了虚拟世界,实现了虚幻与真实的结合,为时尚传播开辟了全新的发展空间。

总而言之,面对传播形式的多样化,多元化的品牌沟通手段变得越来越重要。除了广告等方式之外,社交网络、体验、口碑传播等媒介互动的全方位传播手段,将被灵活运用到传播中。将大众传播与人际传播相结合,打破了过去大众传播的单一渠道,将人际传播引入大众传播,发挥人际传播"点对点"、"多对多"的传播优势,为品牌培养更多的粉丝,更有利于塑造品牌形象。

第三节　整合传播途径

新媒介环境下，成功的时尚传播能将内容整合、渠道整合和形式整合融会贯通、有机组合和优化配置。正如麦克卢汉所言，新媒体的出现不是对传统媒体的替代，而是新的传播形式的联合和协同。每一种新的媒介形式的出现都给原有的媒介带来了新的生机和拓展。正如新媒体没有终结时尚杂志，而是给了杂志连接网络的机会，衍生出时尚网站和电子杂志这种内容与渠道结合的范本。整合传播有以下几种途径：

一、从电视向网络的推送

时尚品牌利用电视树立品牌高端和权威的形象，随后通过网络跟进，利用网络聚集粉丝和人气，制造话题、创造口碑，既可以增强客户黏性，也可以跨越地域限制，将广告的效果放大，扩大影响范围，是高端品牌国际化的有效传播途径。

目前在电视和新媒体的推动下，全球商品生产与消费越来越呈现一体化倾向。借助电视、网络等媒体的全球化传播，时尚品牌逐渐突破了区域的限制，更便捷地走向全球市场，面向全球消费者。电视与网络的结合，有着很好的互补性。电视的业界口碑好、权威性高，广告的发布更为正式；网络的互动性强，有利于形成口碑效应。二者组合可以放大对方的功能。

英国品牌博柏利 2009—2010 秋冬系列（图 9-1）曾启用《哈利·波特》中的 "赫敏" 艾玛·沃特森（Emma Watson）任品牌代言人。在电视广告中，她大大的烟熏妆、金色的半短发，展现出一份经典美态，独特的气质与时代感，将成熟干练的气质演绎得淋漓尽致。

图 9-1　博柏利 2009—2010 秋冬电视广告

　　"赫敏"的粉丝也很快在网络上互动，并讨论她穿着的该款风衣。从讨论到模仿再到形成风潮，就这样电视与网络进行了完美的合媒。而且，品牌以大众传播为起点而点燃网络的人际互动，符合品牌的高端定位，吸引了网络高端用户，同时又为品牌聚集了人气。

二、从网络向电视的推送

　　传播过程主要由信息、传播者、媒介、受众等构成要素组成。"媒介一方面用共识来引导自己，同时又以一种建构的方式试着塑造共识。"❶ 这种共识的另一面就是品牌的认同感与美誉度，通过人的聚合，形成口碑，塑造品牌形象。

　　从网络向电视的推送主要依靠网络前期宣传，甚至是病毒式传播形成围观。当形成潮流后，再推出电视广告。通过人际传播向大众传播的逆向推送，通过传统媒体的接力式传播，使品牌形象更深入人心。这样做的品牌往往本身足够强

---

　　❶霍尔."意识形态"的再发现：媒介研究中被压抑者的重返［M］.台北：台北远流出版事业股份有限公司，1994，116–117.

大，重视创意，深谙流行密码。如 NIKE 公司一向擅长针对年轻人展开营销。其拍摄的世界杯广告《谱写未来》，在电视上播出之前已被传至网上，赢得了不少点击，为电视广告做足了铺垫。电视广告一开始播放，立刻形成了舆论热点，电视与网络遥相呼应。

三、网络与手机的共同应用

网络与手机密不可分。由于手机的便携性、兼容性，使其天然具备了将网络与移动通信结合的能力，几乎可以称为无缝结合。

世界银饰品牌蒂芙尼在社交网络上也很活跃。它在 Facebook 主页上发布各路明星和重要人物佩戴首饰出席公众活动的新闻和图片，为粉丝们介绍自己的品牌故事，回顾品牌历史，彰显品牌的内涵和影响力。蒂芙尼推出名为"蒂芙尼 True Love"的官方网站，并发布了相应的 iPhone 应用程序，手机用户通过 Instagram 程序，可以分享和发布蒂芙尼首饰的图片（图 9-2），进一步创造吸引点。蒂芙尼着力打造的专有的网络和手机平台，为其赢得了不少口碑与人气。●

● 刘洋.奢侈品牌社交网络抢滩中国市场.中国网络电视台，2012 年 6 月 1 日.http：//style.cntv.cn/20120601/105533_1.shtml.

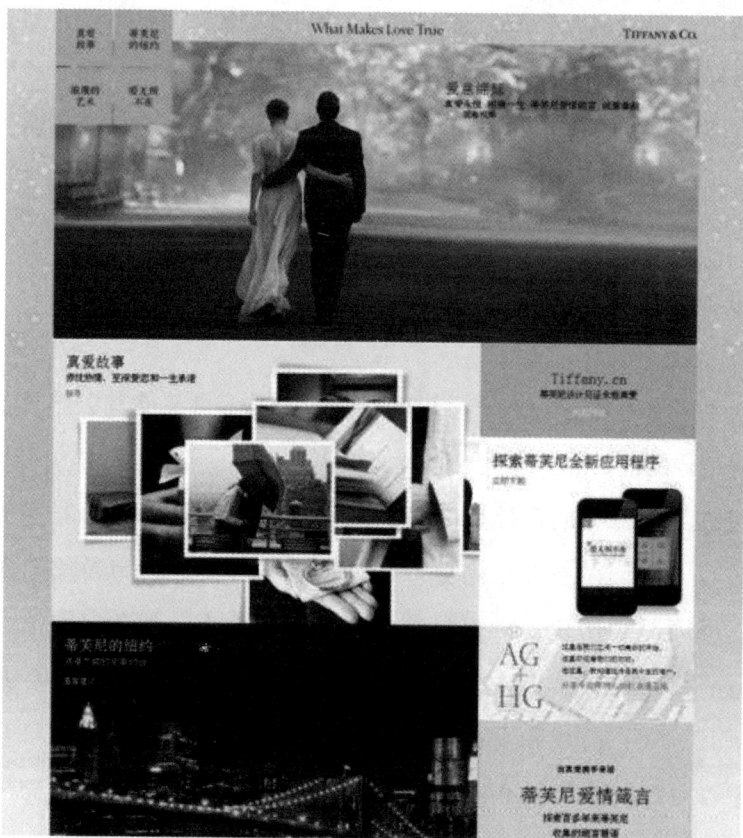

图 9-2　蒂芙尼 True Love 官方网站

四、多媒体同步

多媒体同步可以综合利用多种整合形式。比如电视与新媒体的整合过程，既可实现内容和渠道整合，又可实现大众传播与人际传播的整合。在整合传播之前，品牌通常对宣传的产品确立统一的主题，在电视和网络同步推广，传递品牌统一的形象。电视黄金时段的广告和节目属于稀缺资源，门槛高、权威性强、可信度高，是一线时尚品牌的重要宣传阵地。而网络作为人际传播的重要渠道，互动性更强，传播范围更广，更能跨越时间与空间的限制，在整个宣传环节形成流动状态，1+1 > 2，影响力倍增。

上海东方电视台的《女神的新衣》（又名《女神新装》）节目（图 9–3）做过整合传播的诸多尝试，社会反响较好。该节目采用电视和网络即播即买，价值即时转换的模式，以舞台剧形式呈现 T 台秀。四大品牌坐镇买手席，各持 1000万元，通过竞价购买明星设计的服装，同步上线发售。每期节目现场被买家竞拍买走的新衣即时在天猫上线销售，打造实时同步的"女神同款"，实现"看到即买到"。

除了电视和网络同步，《女神的新衣》还真正实现了"电视＋网络＋移动媒体"的"三网融合"。该节目利用"明星衣橱"APP 软件，以图文形式推荐节目中设计的服装，并附有购买链接，受众可以利用这个软件与节目实时互动，在节目播出以外的时间里，受众依然可以与节目保持黏性。APP 软件不仅增加了节目影响力，还拉近了受众与明星的距离，满足了受众对明星同款的追求。

另外，该节目首次在常规电视节目中运用全息影像视觉呈现技术，将裸眼3D 应用在 60 场 T 台秀录影中，并将之与电影魔幻故事相结合，加入水幕、投影纱、动态捕捉系统以及全动态舞台等舞台技术，极致呈现了亦真亦假、美轮美奂的舞台视觉效果，卓越的视觉特效让观众获得震撼的视觉体验。[1] 这种多媒体同步，T 台与买手、大众实时互动的模式是时尚传播与商业的一次成功结合。

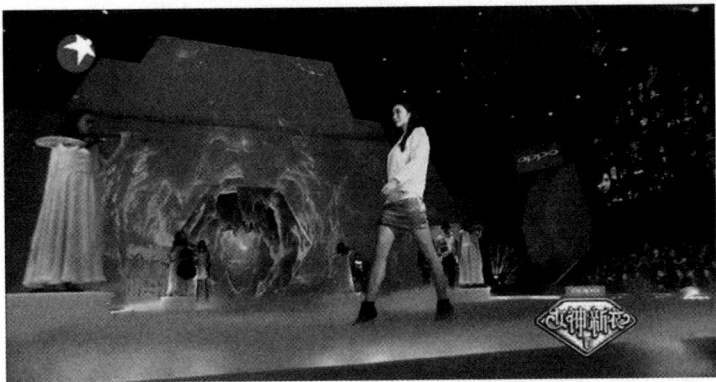

图 9–3 《女神的新衣》节目现场

---

[1] 《女神新装》华丽收官 十二期节目拍出天价.搜狐网，2015 年 11 月 2 日.http://yule.sohu.com/20151102/n424923514.shtml.

五、小结

技术更新使传播形式产生全新变革，使各媒介进一步融合。无论是内容整合、渠道整合还是形式整合，都将媒介资源配置到最优化。多媒体协同实现了优势互补，将在传播过程中产生更大的时尚传播价值。整合成为时尚传播的大势所趋。合理搭配、深度融合，才能发挥各自优势，为品牌形象塑造发挥积极作用。

思考题：

（1）如何理解整合传播？

（2）整合传播有哪些策略？

（3）整合传播的多媒体同步如何实现？请举例说明。